Gabriel Lafitte e Alison Ribush

FELICIDADE
EM UM MUNDO MATERIAL

Editora
FUNDAMENTO

2009, Editora Fundamento Educacional Ltda

Editor e edição de texto: Editora Fundamento
Capa e editoração eletrônica: Futuro Comunicação / Desdobra – Design do Brasil
CTP e Impressão: SVP – Gráfica Pallotti – Santa Maria

Primeira publicação em 2002 na Austrália por Lothian Books Australia
Reimpresso na Austrália em 2002 (duas vezes) e em 2004
Copyright © Gabriel Lafitte and Alison Ribush 2002

Dados Internacionais de Catalogação na Publicação (CIP)
(Câmara Brasileira do Livro, SP, Brasil)

Ribush, Alison
  Felicidade em um mundo material / Alison Ribush; [versão brasileira da editora] – 1. ed. – São Paulo, SP: Editora Fundamento Educacional, 2009.

Título original: Happiness in a material world

Bibliografia.
1. Auto-ajuda 2. Auto-análise 3. Felicidade
4. Motivação 5. Mudança de vida

07-6136   CDD – 158.1

Índice para catálogo sistemático:
1. Auto-ajuda: Felicidade: Mudança de vida
158.1

Fundação Biblioteca Nacional

Depósito legal na Biblioteca Nacional, conforme Decreto n.º 1.825, de dezembro de 1907.
Todos os direitos reservados no Brasil por Editora Fundamento Educacional Ltda.

Impresso no Brasil

Telefone: (41) 3015 9700
E-mail: info@editorafundamento.com.br
Site: www.editorafundamento.com.br

SUMÁRIO

Introdução 4

Capítulo 1 ⬢ Abrindo a porta interna
Uma Introdução às Práticas e aos Princípios Budistas 12

Capítulo 2 ⬢ Iluminando o caminho
A Vida do 14º e do 13º Dalai Lamas e a História da Vida de Atisha 24
O Dalai Lama: Sua Vida e Trabalho nos Dias de Hoje 25
Uma Síntese da História do 14º Dalai Lama 30
O Grande 13º Dalai Lama 37
Atisha 44
O Caminho Adiante 48

Capítulo 3 ⬢ Felicidade em um mundo material
Um Ensinamento do 14º Dalai Lama 52
Os Ensinamentos do Dalai Lama 53

Capítulo 4 ⬢ O caminho para a felicidade
Uma Explicação dos Ensinamentos e das Iniciações 80
As Quatro Nobres Verdades 81
Oito Versos para o Treino da Mente 87
A Lâmpada sobre o Caminho para Alcançar a Iluminação, de Atisha ... 97
As Cerimônias de Iniciação 106
Chenrezig 108
Tara Branca 110

❁ INTRODUÇÃO

A turnê de 2002 de Sua Santidade, o 14º *Dalai Lama*, pela Austrália e Nova Zelândia, proporciona a oportunidade de olharmos para dentro de nós mesmos. Grandes mestres como o *Dalai Lama* nos permitem uma visão de quem somos de verdade, sem máscaras.

Não é fácil nos vermos de uma maneira imparcial. Geralmente, queremos que nosso reflexo seja lisonjeante, que destaque nossas melhores qualidades e deixe nossos defeitos passarem despercebidos. Muitas vezes, nós nos preocupamos demais com nosso visual, com a imagem que refletimos e com o modo como estamos. Não nos aceitamos como somos, o que dificulta que melhoremos como seres humanos. Apenas um amigo muito especial pode servir como parâmetro, sem alterar nossos defeitos nem exagerar nossas conquistas ou fazer constantes comentários sobre nossas vidas. Mas é muito difícil encontrar um amigo que faça isso.

Aqueles que estiveram na presença dos grandes lamas do Tibete sentiram que os lamas os conhecem e os aceitam exatamente como são. Isso parece acontecer imediatamente, silenciosamente e de modo natural, como se estivessem na presença de bons amigos que levaram anos para se conhecer. É estranho. Os lamas nos aceitam melhor do que nós mesmos, incondicionalmente, sem nenhuma restrição. O mais respeitado desses mestres budistas é o *Dalai Lama*, e sua visita à Austrália e Nova Zelândia em 2002 foi uma ocasião especial.

Muitas vezes, dizem que os grandes lamas do Tibete realizam os desejos de seres sencientes. Dizem que estão sintonizados às necessidades de todos aqueles que possuem uma mente. No nosso mundo material moderno, esse tipo de reivindicação parece extraordinário, mas todos nós queremos ser felizes, sendo isso o que mais temos em comum. O desejo de cada pessoa de ser feliz não tem nada de excepcional, e é isso que nos torna todos semelhantes.

O mundo material nos apresenta diversas opções. Nós nos preocupamos em criar o visual perfeito ou em passar uma imagem específica. Somos encorajados a transmitir uma imagem pessoal, a nos sobressair em meio a uma multidão e a expressar um ser essencial, porém, às vezes, ficamos decepcionados quando o resultado não sai à altura de nosso investimento. Ficamos desconfiados de que alguém, ou algo, possa nos fazer mais felizes.

Tenzin Gyatso, o monge budista que chamamos de *Dalai Lama*, pode ajudar cada um de nós a se tornar mais como ele próprio. Ele nos faz lembrar o que todos temos em comum. É algo básico, às vezes tão básico que deixamos passar despercebido. Vivemos, respiramos, comemos, andamos e nem nos damos conta do devido valor dessas coisas. Há muito tempo, esquecemos de agradecer pelas pequenas coisas da vida.

O *Dalai Lama* nos ajuda a começar de novo. Em vez de nos preocuparmos com nossa individualidade, podemos relaxar e aceitar que somos pessoas comuns. Isso pode soar como um anticlímax, mas é um alívio, um convite para relaxarmos e reconhecermos que essa necessidade de trabalhar em busca de nossa felicidade não deve ser colocada à frente da necessidade dos outros. Como o *Dalai Lama* sempre nos faz lembrar, todos nós somos iguais. Quando pararmos de favorecer nossas necessidades e de nos colocar no meio do palco, poderemos relaxar e permitir que outros entrem em nosso mundo, conhecê-los como são e compartilhar o que temos em comum, em vez de nos concentrar em nossas diferenças.

Temos infinitas opções. Escolhemos viver em cidades onde o tempo todo – seja na escola, no escritório ou até mesmo na pista de dança – rotulamos as pessoas como "certas" ou "erradas". Nós nos comportamos como se a vida fosse um ensaio para uma apresentação de teatro. É exaustivo. Nós nos prendemos a muitas coisas: opiniões, idéias, fantasias, hábitos.

O *Dalai Lama* tem uma alternativa. Começa com um relaxamento, que é o coração de um método secreto. Quando relaxamos, a vida não fica tão séria. Há mais lugar, mais espaço para deixarmos as coisas acontecerem, em vez de mantermos a ficção de que somos os autores de tudo. Relaxar significa desacelerar, encontrar tempo para meditar e descobrir exatamente quem somos. Relaxar significa deixar os problemas se dissiparem, como nuvens que desaparecem no céu. Quando relaxamos, ficamos mais receptivos, flexíveis e acessíveis aos outros e às suas necessidades. O relaxamento é um começo.

O relaxamento é também um método budista de meditação. Mas a meditação é vista de maneira diferente em outras tradições. O objetivo dos budistas não é simplesmente criar calma e paz. A meditação budista não cria isso ou aquilo. É um relaxamento básico para experimentarmos o que ela é por si própria, aceitarmos o que aparecer pela frente, sem julgamentos. A meditação pega o espelho oferecido pelo professor e o coloca em nossas mãos para descobrirmos nossa mente. Entramos em contato com nossas dúvidas, ansiedades, esperanças, emoções e nossos medos à medida que eles aparecem, cientes de cada momento, sem censurá-los nem nos sentirmos enojados com eles. Para fazer isso, precisamos estar alertas e equilibrados e ter um ótimo senso de humor.

Com paciência, a meditação nos ajuda a chegar a algum lugar. Meditação é um processo de familiarização, no qual nos voltamos para dentro de nós, aprendemos a ficar de bem conosco exatamente como somos e crescemos confiantes em nós mesmos. Acordamos para as coisas do jeito que elas são e paramos de viver como vítimas da esperança e do medo, movidos por idéias de "o que" e "como" deveríamos ser.

A mudança começa com o relaxamento e a aceitação. Com o relaxamento, não nos forçamos mais a mudar nossos incontáveis hábitos que nos mantêm em um ciclo de insatisfação, pois se forçar a fazer alguma coisa é contraproducente, seja em relação a nós mesmos ou aos outros.

Quando estamos relaxados e confiantes, vemos o quanto é ridículo querer ser perfeito, ou diferente, ou tentar fazer diferença no mundo. Acordamos e descobrimos que somos pessoas comuns e que, na verdade, cada momento na vida é extraordinário, mas apenas se estivermos completamente atentos a ele. Deixamos de viver como se estivéssemos nos preparando para a vida e reconhecemos que a vida é aqui e agora.

Quando vivemos o momento presente, estamos prontos para ajudar os outros, não apenas como uma aspiração, mas também como uma capacidade. Só podemos ajudar os outros se estivermos abertos a eles e soubermos desfazer a distância entre nós. Ao nutrirmos nossa auto-estima, descobrimos uma tranqüila apreciação de nós mesmos exatamente como somos, o que é a base para descobrirmos os outros exatamente como eles são.

INTRODUÇÃO

O espelho não nos ensina a viver nossas vidas; ele ajuda a nos enxergarmos como somos, proporcionando-nos uma base realista para a mudança e o crescimento e permitindo-nos deixar velhos hábitos, que nos fazem andar em círculos, para trás. Do ponto de vista budista, temos a habilidade nata de despertar de nossas rotinas habituais. Isso ocorre quando provamos, experimentamos e nos aceitamos como somos. Essa é uma base sólida e tangível para o crescimento e a mudança, em vez de nos esforçarmos para ser perfeitos. Assim que conseguimos dominar a mente, podemos começar a treiná-la.

O objetivo do *Dalai Lama* é contribuir para que nos tornemos mais confiantes em como somos, um princípio básico para desenvolvermos nossas capacidades de bondade, compaixão e percepção para com a condição humana.

O *Dalai Lama* tem um maravilhoso senso de humor. Às vezes, quando é requisitado para falar sobre um assunto moral, responde com um humor compassivo. As pessoas querem orientações e regras apenas para se ressentir delas, e o *Dalai Lama* não gosta de complicar a vida das pessoas com regras, enchendo o mundo de "certos" e "errados". Ele nos convida a abrir os olhos, ver-nos de uma nova maneira, abrir o coração aos outros e permitir que a compaixão preencha nosso coração. Ele pode abalar nossas idéias preconcebidas, mudar nossas perspectivas e nos encorajar a questionar por que achamos a vida tão problemática. Ele pode até ir mais longe e sugerir que tornamos nossas vidas problemáticas porque presumimos que temos problemas. Se nos apegarmos à idéia de que temos problemas, passaremos a vida à procura de soluções, tratando-a como um trabalho diário a ser administrado.

Se enxergarmos o *Dalai Lama* como uma pessoa que despertou, confiou em si mesmo e experimentou o vasto conjunto de treinamentos budistas da mente, podemos começar a confiar nele como alguém que não tem ilusões ou auto-ilusões e dar um passo em direção a uma melhor autoconfiança.

O *Dalai Lama* satisfaz os desejos de todos os seres humanos simplesmente sendo ele mesmo. Ele nos faz recordar que nem ele nem o histórico *Buda* Shakyamuni tinham nenhuma maneira mágica de nos libertar de nossas ilusões. Se houvesse tamanhos atalhos mágicos, hoje nós seríamos seres iluminados, pois o objetivo de todos os *Buda*s – do passado, presente e futuro – é nossa libertação. Mas, como o *Buda* mesmo disse, cada um de nós é responsável pela própria libertação; ninguém pode alcançá-la por nós.

O *Buda* nos proporciona um conjunto de ferramentas para criarmos nossa felicidade e, ao estarmos felizes, levamos felicidade aos outros. As ferramentas não devem ser veneradas, mas usadas pelo tempo que nos forem úteis. Em pinturas clássicas budistas, o ensinamento de *Buda* é uma balsa que nos ajuda a atravessar o tempestuoso "rio da vida", um rio turbulento demais para atravessarmos sozinhos a nado. Os ensinamentos de *Buda* e daqueles que tiveram confiança para fazer o que o histórico *Buda* fez oferecem-nos várias maneiras de prosseguir na vida, aqui e agora.

A presença do *Dalai Lama* dá luz aos ensinamentos. Embora seja difícil nos identificarmos com um texto, é natural nos identificarmos com exemplos reais de ensinamentos. É por isso que o *Dalai Lama* e os outros grandes mestres são tão preciosos. Eles realizam os desejos das pessoas de uma maneira simples, fazendo-nos lembrar o que é realmente importante em nossas vidas.

Estar na presença do *Dalai Lama* é o mesmo que estar na presença de todos os professores iluminados e de todas as gerações de adeptos que despertaram para descobrir a natureza vazia, fluente e aconchegante da mente. O segredo é esse. Nós nos apegamos a coisas insubstanciais, produzidas por circunstâncias, causas e condições específicas. Podemos nos desprender, pois não são coisas sólidas nem reais, e um apego a elas nos desliga e distancia da realidade.

É estimulante estar próximo de pessoas que meditam todos os dias sobre a insubstancialidade – *shunyata* – de tudo o que queremos acreditar que seja sólido. Elas têm a habilidade de se identificar com os outros.

Para percebermos que tudo no mundo é insubstancial, contingente e dependente de circunstâncias, é importante compreender que o mesmo se aplica ao nosso *"eu"*. Não precisamos encontrar um *"eu"* essencial, um *"eu"* verdadeiro. Somos livres para ser o que quisermos. Somos livres para escolher o papel que acharmos mais apropriado para cada situação ou para simplesmente representar um conjunto de papéis. Para sermos livres, para relaxarmos e aceitarmos as coisas exatamente como elas vêm a nós, precisamos descobrir que o *"eu"* muda constantemente.

Há várias práticas budistas para criar a felicidade, mas a mais profunda de todas é a *shunyata* (vazio). Quando percebemos que não há nada a que nos apegar e que o *"eu"* essencial imutável não existe, ficamos completamente livres. Esse conhecimento é transcendente, um insight para o caminho de tudo o que existe. Na teoria, pode até fazer sentido que nada exista independentemente, mas só somos libertados após passarmos por uma experiência real.

Estar na presença do *Dalai Lama* é como estar em um relacionamento contínuo. O *Dalai Lama* nos convida a celebrar esse relacionamento nos refugiando. Se nos refugiamos ou pegamos uma das iniciações que ele nos oferece, reconhecemos abertamente nossa relação, não apenas com o *Dalai Lama*, mas com nós mesmos e com nossa habilidade de crescer espiritualmente. Fazemos ou renovamos nossos juramentos como uma forma de nos comprometer com o nosso treinamento interior e com a compaixão. Podemos fazer um juramento ou uma iniciação como uma maneira de nos tornar parte de uma família de adeptos ou companheiros "refugiados", que encontraram refúgio em algo digno de confiança.

Não precisamos exteriorizar as divindades cujas iniciações nos são oferecidas nessa turnê *(Chenrezig* e *Tara)*, já que são qualidades que todos possuímos, representações das capacidades humanas mais admiráveis. *Chenrezig* personifica a capacidade humana para a compaixão, que nos permite encontrar os outros como eles são, com um sentido de apreciação e receptividade. Na meditação, vemos *Chenrezig* diante de nós, tornamo-nos um e dissolvemos a visualização de volta à mente criativa. E conseguimos reconhecer o *Dalai Lama*, o "precioso protetor", assim chamado pelos tibetanos, como a personificação de *Chenrezig*.

Na meditação, podemos também invocar a presença da *Tara Branca*. Ela é a personificação da sabedoria clarividente e do conhecimento transcendente de como a realidade realmente existe, misturada a uma compaixão sincera. Ela é o insight penetrante da natureza de tudo o que surge na vida, de todos os fenômenos, internos e externos, subjetivos e objetivos. Ela é a perfeita pureza original da mente, despida das coisas que geralmente consideramos importantes.

Quando observamos o budismo com atenção, descobrimos que não precisamos nos associar a nenhum dogma ou a nenhuma doutrina para nos tornar budistas. Não é um conjunto de crenças que nos faz budista. O *Dalai Lama* enfatiza repetidamente que o importante não é sermos rotulados ou passarmos uma imagem específica de vida, mas sim vivermos de uma forma autêntica, com um genuíno apreço por nós mesmos e por aqueles à nossa volta.

A visita de um *Dalai Lama* é breve. Ele é requisitado no mundo inteiro e, após quatro décadas no exílio, ainda é um refugiado que trabalha para seu povo. Ele nos proporciona ferramentas para descobrirmos a felicidade, e este livro oferece maneiras práticas para mantermos um relacionamento com o *Dalai Lama*, esteja ele fisicamente presente ou não.

Na Austrália e Nova Zelândia, há, nos dias de hoje, centenas de templos budistas que mostram o budismo diversificado. O budismo tem crescido muito nesses dois países, com sua prática aprofundada sob a orientação de professores de linhagens tradicionais muito qualificados. Uma ligação direta com a linhagem é qualidade garantida, acesso a uma das maiores tradições religiosas do mundo com confiança e autenticidade.

O budismo na Austrália começou nas minas de ouro dos anos 1950. Ainda hoje, encontramos um monge pedindo esmola na porta do Templo da Montanha de Ouro, em Bendigo, Vitória, também chamado de Templo Chinês. Nas regiões auríferas da planície de Canterbury, da ilha sul da Nova Zelândia, arqueólogos encontraram imagens de *Buda* nas escavações. Ambas as nações receberam colonizadores e refugiados de países budistas de braços abertos, os quais construíram templos refletindo o estilo e a estética nacional de quase todos os países asiáticos. Hoje em dia, não há nenhuma cidade com mais de 100 mil habitantes sem uma comunidade budista e um professor residente. Muitos centros menores também foram bem estabelecidos, principalmente em belas áreas rurais, perfeitas para a meditação.

As sociedades budistas de "pakehas" (população branca de origem européia) e de anglo-australianos foram fundadas nos anos 30 e atraíram fortes personalidades, seduzidas por um caminho diferente. Aos poucos, esses pioneiros encontraram maneiras de convidar monges e freiras, muitas vezes do Sri Lanka ou da Tailândia, para visitá-los e ensinar meditação. O primeiro monge residente da Sociedade Budista de Vitória chegou em 1979. Seus alunos nem sempre sabiam como tratá-lo e, passados alguns meses, ele disse docilmente: "É fácil comprar um elefante, o difícil é cuidar dele."

Hoje em dia, o budismo tibetano compreende dezenas de comunidades, de Cairns a Perth, de Whangareia a Dunedin, com professores residentes muito qualificados em práticas tradicionais de meditação tibetana. Agora, são oferecidos cursos budistas de férias anuais, exibindo todas as tradições juntas, performances e exposições de artistas e músicos budistas, seminários de budismo e psicoterapia, discussões inter-religiosas e ativismo budista para a paz e reconciliação. Há vários programas budistas de assistência social, inclusive aconselhamento a prisioneiros, orientação e asilo aos moribundos e suas famílias. Existem retiros para a prática de intensa transformação de vida. Há um constante fluxo de professores que visitam a Austrália e a Nova Zelândia, além dos geshes e lamas que optaram por viver nesses países há mais de 25 anos. E, à medida que o budismo amadurece, a comunidade cresce.

Este livro proporciona uma introdução geral ao budismo, ao *Dalai Lama* e às doutrinas e iniciações aplicadas por ele na Austrália e na Nova Zelândia em 2002. Ao ler sobre a pessoa que os tibetanos chamam de *"A Presença"* ou *"Kundun"*, talvez você se sinta mais preparado para os ensinamentos dele. Se por acaso você já teve a chance de presenciar uma de suas palestras, talvez esta obra ajude a esclarecer como e por que tantas pessoas, com passados tão diferentes, reagem tão bem a ele. Se nunca teve essa chance, este livro mostrará um pouco da vida do *Dalai Lama* e de seus conselhos práticos sobre como encarar as decisões da vida moderna, bem como proporcionará um claro entendimento sobre os eternos ensinamentos universais budistas, designados às pessoas do mundo inteiro.

QUE TODOS OS SERES SEJAM FELIZES

Capítulo 1

Abrindo a porta Interna:
Uma Introdução às práticas e aos princípios budistas

Budismo é uma palavra moderna sem equivalente em tibetano. Aqueles a quem chamamos de "meditadores" ou "praticantes" budistas os tibetanos chamam de "os que se voltam para dentro de si" e mudam seu modo de pensar ao fazê-lo. Voltar-se para dentro de si é descobrir a mente humana e suas capacidades. Através da meditação, superamos as restrições costumeiras, abrimos a porta interna e despertamos a compaixão.

Mas isso não significa que devemos nos submeter a um conjunto de crenças baseadas na autoridade divina ou na revelação concedida exclusivamente ao fundador. Como não é baseada em uma única pessoa nem em um único momento na história, a prática budista se renova com todos os praticantes que despertam e, por sua vez, renovam os outros.

Como o próprio *Dalai Lama* explica no terceiro capítulo deste livro, o *Buda* não é uma divindade, mas um ser humano comum que despertou para a verdadeira natureza das coisas. O que o histórico *Buda* fez nós também podemos fazer. Despertar significa não ter ilusões. É abandonar os hábitos ilusórios, em vez de criar algo novo. O *Buda* deixou de ser vítima de circunstâncias, de ser influenciado pelos acontecimentos do mundo exterior ou perturbado por sentimentos conflitantes. Ele descobriu que a mente humana está cheia de criatividade e sentiu-se realizado.

Ele reconheceu a natureza da realidade que vai além das noções, mas teve que usar um sistema conceitual para que outros pudessem descobrir essa verdade por eles mesmos. Muitas das palavras e noções associadas ao budismo são bem conhecidas, até mesmo pelas sociedades ocidentais.

❂ Meditação

Para começar, vejamos o que o *Buda* considera como o coração do budismo: a meditação. A meditação é um instrumento essencial e poderoso para descobrirmos a natureza da mente e do mundo extraordinário, não apenas em sua prática convencional, mas também em situações corriqueiras. Treinar a mente para que ela fique calma, para vermos além da superfície dos acontecimentos e para experimentá-la, é uma questão de equilíbrio. Podemos levar um certo tempo para nos acostumar com a idéia. A força do hábito descentraliza nossa mente, fazendo-nos mergulhar em histórias sobre quem somos e onde os outros se encaixam em nossas vidas e, rapidamente, perdemos qualquer perspectiva que algum dia já tivemos.

Sentar em uma almofada de meditação é sentar e aceitar tudo o que acontecer, sem censurar nada nem nos perder no caminho. Meditação exige prática. Não é um atalho para uma mente serena, tranqüila ou vazia. Ao contrário, meditadores praticam a compreensão a cada momento, seja de sensações físicas do corpo ou de sensações externas como um barulho, o aroma de uma flor ou emoções e pensamentos vindos de dentro. Estes não podem ser excluídos nem rejeitados, o que simplesmente os forçaria a voltar ainda mais fortes; nem podem ser entretidos, convidados a entrar e ocupar completamente nossa mente consciente. Podem se rebelar e desaparecer por iniciativa própria. Ondas de emoções, pensamentos aguçados e enfadonhos, fantasias, memórias, obsessões, todo tipo de coisa nos vem à mente. O truque é ficarmos atentos.

Quando não tentamos meditar, descobrimos a habilidade de assistir ao dinâmico movimento da mente em um estado suave, mas, ao mesmo tempo, alerta, sem entrarmos em uma trama nem dispensarmos o que não nos parece atraente. Isso significa estar atento ao que acontece a cada momento, o que constitui a base do treinamento budista da mente.

As pessoas percebem que, ao se sentarem sem distração alguma, a mente dá asas à imaginação. É alarmante a quantidade de pensamentos que surgem. Descobrir que, longe de controlar tudo, a mente parece aleatória e quase fora de controle nos dá uma sensação de humildade. Perceber isso é o primeiro passo. Meditar é uma oportunidade de nos encontrarmos como nunca o fizemos antes, de uma maneira simples e direta, com perspectiva e sem cairmos em tramas e raciocínios complexos sobre o que é certo ou errado. Conhecer nossos pensamentos, sem que eles nos distraiam, já é muito difícil.

Meditar significa nos familiarizarmos com nossa mente e com tudo ao nosso redor. Quanto melhor nos conhecemos, menos inclinados ficamos a embarcar em uma fantasia e pensar em quem deveríamos ou poderíamos ser. Para nos familiarizarmos, precisamos relaxar, tornar-nos menos intransigentes e mais compreensivos com os outros. Ser compreensivo, sem apego nem projeção, é ser compassivo.

Os que meditam dizem que, através da meditação, nos voltamos para dentro de nós, somos nós mesmos, relaxamos e encontramos a mente, não apenas na superfície dos pensamentos e acontecimentos, mas também em sua criatividade mais profunda. Também examinamos certos aspectos do budismo, como o carma, a reencarnarão, as Três Jóias e o nirvana.

❃ Carma

Historicamente, o budismo se originou na Índia e evoluiu em um diálogo enérgico com o hinduísmo. Muitos termos-chave são compartilhados, mas têm significados bem diferentes, o que leva a uma certa confusão. O que os budistas consideram carma não é um destino fixo que deve ser aceito de um modo fatalista. Do ponto de vista budista, carma é simplesmente o trabalho de causa e efeito, um lembrete para ficarmos atentos às consequências de tudo o que fazemos e dos motivos por trás de nossas ações.

Essas ações incluem nosso corpo (as ações propriamente ditas), nossa fala (as palavras) e nossa mente (os pensamentos). Quem somos hoje é uma conseqüência das decisões que tomamos no passado. Isso significa que escolhemos quem queremos ser amanhã. Mesmo que no passado tenhamos desenvolvido hábitos que hoje estreitam nossa vida e limitam o futuro, ainda somos livres para construir o futuro. Podemos decidir entre permanecer prisioneiros de hábitos ou desenvolver um conhecimento interior e uma compaixão efetiva.

O carma não funciona de maneira simples e previsível neste nosso mundo complexo, mas, em longo prazo, funciona segura e inequivocamente. As causas e condições que criam certas situações são tão interdependentes que ninguém pode ter certeza de quando as conseqüências de suas ações darão fruto. Entretanto, as ações hábeis (positivas), motivadas por uma compaixão incondicional, seguramente dão frutos saudáveis; enquanto as ações mal-intencionadas (negativas), designadas a rejeitar ou machucar, em seu devido tempo conduzem a maus resultados. Esta é a lógica do carma. É puro bom senso, e não uma questão de intervenção divina. Podemos confiar nisso não como uma doutrina, mas como uma inspiração prática para a vida.

● Reencarnação

Reencarnação também não é uma doutrina, mas uma observação de que a vida não surge do nada e de que cada um de nós nasce com personalidade, predisposições e inclinações. Talvez a genética possa explicar como três ou quatro filhos dos mesmos pais apresentam temperamentos tão diferentes um do outro desde o nascimento ou talvez isso seja o fruto de experiências em vidas passadas.

A crença em reencarnação deve ser levada a sério: "Não importa se eu não agir corretamente nesta vida, porque posso fazer tudo certinho na próxima." Do ponto de vista budista, esse tipo de comentário é sentimental, ingênuo e uma negação de como vivemos hoje. Se não agimos corretamente agora, sofremos agora. Contar com a reencarnação é apenas prolongar essa confusão.

Então, o que passa de uma vida para a outra? Ao contrário dos hindus, que acreditam em uma alma eterna substancial, os budistas crêem que apenas os hábitos mais enraizados da mente, aqueles que constituem a essência do nosso *"eu"*, podem ser transmitidos. Somente essas marcas subconscientes na mente são fortes o suficiente para persistir, para sobreviver à perda do corpo com a morte. Os hábitos positivos resultam em circunstâncias favoráveis, como viver em um lugar tranqüilo, com bons recursos materiais, inteligência e outras vantagens; já os hábitos negativos perpetuam nossa confusão e insatisfação.

A idéia de nascermos de uma forma menos afortunada que a humana está longe de ser reconfortante. A reencarnação é um lembrete de que precisamos começar a agir corretamente nesta vida. A perspectiva de termos que repetir os mesmos erros não é nada atraente. A crença em reencarnação ajuda a motivar a prática da meditação.

Embora quase todos sejamos prisioneiros de hábitos, alguns de nós despertaram para a natureza da mente e abandonaram tudo o que parece ser sólido. Eles não apenas são felizes, mas também capazes de mostrar o caminho aos outros. Esses poucos são os grandes lamas, e o mais importante deles é o *Dalai Lama*. Ele, por sua vez, inspira-se na vida de *Atisha*.

Essas pessoas não são obrigadas a reencarnar movidas pelo hábito, pois não estão mais escravizadas às rotinas que nos infligimos e, assim, vivem livremente, abertas para tudo o que aparecer. Esses competentes mestres budistas perceberam plenamente todas as suas opções e podem parar de reencarnar. Se pensassem apenas neles, talvez terminassem o ciclo da reencarnação, mas esse não é o caso. A perspectiva deles compreende tudo, e sua motivação é fazer todo o possível para ajudar os outros a despertar para a condição humana. É por esse motivo que os poucos grandes lamas reencarnam voluntariamente, pelo bem dos outros. Eles certificam-se de que sempre haja uma presença encarnada de sabedoria e orientação para aqueles que continuam trancados na esperança e no medo, na expectativa e na decepção.

Nirvana & Samsara

Nirvana é um conceito conhecido, porém, seu significado no budismo é inesperado. Pode significar um tipo de paraíso, uma destinação final onde todos os nossos problemas terminam, a última parada no caminho do crescimento espiritual. Apesar de ser uma destinação, é também muito mundano e misteriosamente familiar. Nirvana é a libertação das ilusões, do sofrimento e do carma.

Convencionalmente, o mundo da confusão, da ansiedade, do inesperado e da insatisfação chama-se samsara. Pode ser sedutor, mas geralmente parecemos andar em círculos, progredindo muito pouco. Se fizermos a viagem espiritual e o treinamento da mente e descobrirmos o que é ser completamente humano, poderemos apreciar o que é tão extraordinário em cada momento, já que não seremos mais movidos por hábitos.

Talvez precisemos de várias práticas espirituais e muita orientação para despertar completamente, mudar verdadeiramente nossa mente e nos desfazer de nossas compulsões e condicionamentos. Mas podemos mudar. Seguimos o caminho budista de purificação, concentração, relaxamento, conhecimento interior e despertar. Samsara e nirvana podem ser dois caminhos inseparáveis de olhar a mesma situação.

Treinamento da Mente

O *Buda* nos proporcionou uma coleção de instrumentos. A clássica imagem budista é a do *Dharma* (ensinamentos budistas) como uma balsa. Ficamos em cima do tempestuoso "rio da vida", sabendo que temos que atravessá-lo até o outro lado ao longe. Se mergulharmos nas águas, corremos o risco de ser levados por ela. Mas a balsa pode nos conduzir sem perigo ao outro lado. Depois da travessia, devemos carregá-la conosco para onde formos? Não. O budismo é um instrumento útil, mas não é um objeto de veneração por si próprio.

Precisamos de balsas de todas as formas e tamanhos para recuperar nossa liberdade e lidar com a mente trapaceira. A mente egocêntrica que nos coloca no epicentro do nosso mundo alega ser o *"eu"* essencial, verdadeiro e real, bem como a autora de nossas vidas e protetora de nossos interesses. Até agora, acreditamos em suas alegações. Sempre nos disse que a felicidade estava quase ao nosso alcance e a temos seguido por onde nos tem guiado. Agora, o budismo diz que ela é uma amiga falsa, em quem não devemos confiar; um motivo de frustração e decepção, não uma fonte de felicidade duradoura.

Esse impaciente ego-mente pode até nos levar ao *Dalai Lama* ou tentar meditar na esperança de que essa seja a técnica de que precisamos. Geralmente, quando vamos a um seminário ou sentamos em uma almofada de meditação, o ego leva o mérito. Longe de ser produtivo, o ego expande seu território. Alguns lamas chamam isso de "materialismo espiritual". Isso torna o budismo outro tipo de filosofia de vida, uma maneira de mostrar ao mundo que estamos sintonizados.

Quando nos sentamos, a trama do *"eu"* elaborada começa a desmoronar. Gostamos de nos ver como seres práticos e em total controle, porém, quando nos sentamos na almofada de meditação, somos tomados por um emaranhado de emoções e pensamentos aleatórios. Não parece haver nenhum *"eu"* na roda. Às vezes, os mesmos comportamentos obcecados voltam em repetidas ocasiões. Outras vezes, não é o caso de *"eu"* penso "meus" pensamentos, mas sim de "meus" pensamentos "me" pensam. Isso definitivamente nos dá uma sensação de humildade.

O budismo nos lembra de sermos suaves e pacientes nos primeiros momentos do despertar. Simplesmente sentamos com o que vier a nós, percebendo, provando o sabor de todas as emoções, pensamentos, sensações, sem voltar as costas a eles nem mergulhar no drama. É complicado manter o equilíbrio, mas, sob todos os pontos de vista, o budismo é o Caminho do Meio entre os extremos da negação e fascinação. Aprendemos como a mente pode observar a mente, sendo ela o único instrumento capaz de fazer isso.

A prática budista proporciona um lugar onde podemos relaxar e descobrir uma grande série de métodos budistas para despertar da auto-hipnose que criamos. Contudo, nosso egocentrismo ainda tem assuntos não resolvidos conosco. Quando fazemos uma sessão de meditação, o ego-mente move-se silenciosamente para receber o mérito. "Está progredindo", diz ele. Cria um laço com o que já aconteceu, despertando uma vontade insaciável de ter mais, um desejo de saborear um momento que faz parte do passado, em vez de continuar seu caminho no presente. Ou, caso nossa sessão de meditação não seja boa, a mente fica confusa, e o corpo, inquieto; surge uma tempestade de emoções, e a agitação toma conta de nós. "Você não pode meditar", diz o nosso ego-mente. "Não está progredindo." Ficamos deprimidos ou prometemos continuar tentando até conseguir.

Podemos decidir lutar contra os obstáculos ou dar as costas e dizer que o budismo não serve para nada, mas todas essas respostas são da velha mente traiçoeira alegando ser a autora, a juíza e o júri de tudo o que compõe nosso *"eu"*. Quando julgamos, estamos novamente presos ao passado e à espera do futuro, em vez de aceitarmos cada momento exatamente como ele é. Mais uma vez, elaboramos uma trama para explicar o que tudo significa, e isso simplesmente complica o que é muito simples.

O budismo é útil porque propõe várias maneiras extraordinárias para lidarmos com o ego. Alguns métodos são objetivos, como certos antídotos para obstáculos. As Oito Estrofes para o Treinamento da Mente mostram muitos desses antídotos. Outros métodos são menos rigorosos e recorrem mais à paciência e à confiança em si mesmo. Quando surgem perguntas movidas pelo ego, uma boa alternativa é perceber que isso não importa, seguir adiante, continuar respirando e manter plena atenção. Ser uma pessoa moderna é ter que pensar demais. A solução é encarar tudo o que surgir como um pensamento e deixar para lá.

Do ponto de vista budista, o *"eu"* tem suas funções. Ele organiza as realidades práticas de nossa rotina, porém, quando alega estar no controle e começa a querer filtrar tudo, dependendo do que gosta ou não, deixa de nos ser útil. Fica à solta, e nós, escravizados. O *Dalai Lama* diz que as pessoas criam ideologias em busca da felicidade, mas quase sempre acabam se tornando escravas delas. O mesmo se aplica à ideologia pessoal do *"eu"*.

O budismo lida com as exigências do *"eu"* através de milhares de métodos, que são feitos sob medida e com destreza para tratar de nossa preocupação obsessiva conosco. Freqüentemente nos comparamos a outros meditadores. Sentamos na almofada e fantasiamos sobre todas as coisas maravilhosas que faremos como budistas. Estudamos textos e sistemas filosóficos e temos a sensação de compreendê-los perfeitamente, apenas para, na próxima crise em nossa vida, descobrir que somos tão impotentes quanto antes. Aprendemos práticas rituais, nas quais nos concentramos nos detalhes de maneira obcecada, mas, por algum motivo, não suavizamos nem abrimos nosso coração. Assistimos a uma palestra do *Dalai Lama* e nos sentimos em paz com nós mesmos, mas, no dia seguinte, esquecemo-nos de continuar a meditar. Essas são algumas das incontáveis maneiras de os velhos hábitos reafirmarem seu controle sobre nós.

Quando praticamos o budismo, nós o fazemos de um modo obsessivo. Isso é inevitável. Levamos para a nossa prática todos os hábitos, estratégias, rotinas e autodefinições que desenvolvemos ao longo da vida ou, talvez, no decorrer de muitas vidas. Do ponto de vista budista, isso não é um problema, pois o budismo existe para todos nós em nossa rotina de autoderrota. Não precisamos ter vergonha de admitir isso. Pode até ser um alívio.

Podemos realmente mudar nossa mente neurótica e transformá-la em uma mente feliz e envolvida com o mundo, que ilumina cada momento com objetividade e vigor? O *Dalai Lama* afirma que sim. Ele diz:

> "Isso que chamamos de 'mente' é muito peculiar. Às vezes, é muito teimosa e difícil de mudar, mas, com um esforço contínuo e a convicção baseada na razão, nossa mente é, às vezes, muito sincera. Quando realmente sentimos a necessidade de mudar, nossa mente pode mudar. Desejar e rezar para que isso aconteça não transformará sua mente, mas, com convicção e razão, poderá transformá-la."

O budismo tem uma variedade de métodos. O budismo tibetano enfatiza o valor prático de um laço com o mestre, alguém que já percorreu o caminho, alguém de confiança e compassivo, mas também impassível. Essas são as qualidades dos lamas. Eles sabem qual prática é melhor para cada praticante em um determinado momento; eles nos aceitam sem nos julgar.

Relacionar-se com o mestre não significa entregar-se completamente a ele. Mestres budistas aconselham os iniciantes dizendo que a fé cega é a pior abordagem e que é saudável ter um ceticismo inicial. Os alunos precisam investigar seus professores. A melhor situação é quando há uma química natural que se desenvolve através da oportunidade de perceber, por nós mesmos, que os ensinamentos representam uma realidade concreta e significativa na vida do mestre. *Atisha* enfrentou furacões para encontrar um mestre que o ajudasse a despertar plenamente.

⦿ As Três Jóias

Os budistas se refugiam no histórico *Buda*, em seus ensinamentos e na comunidade de praticantes, passados e presentes. Eles são conhecidos por seus nomes sânscritos: o *Buda*, o *Dharma* e a *Sangha*. Também são chamados de Três Jóias ou Tríplice Refúgio. Eles nos inspiram a seguir o caminho.

O *Buda* histórico não é mais uma presença física, e seus ensinamentos podem ou não tomar vida à medida que os lemos, mas a *Sangha* é um apoio para nós. É perfeito ter uma pessoa viva que personifica as qualidades do histórico *Buda*, vive os ensinamentos e é uma amiga e guia espiritual no caminho, já que o atravessou. É por isso que tibetanos concedem um lugar especial aos lamas, palavra que significa "oceano de sabedoria".

À medida que desenvolvemos confiança em nossos gurus através de sua orientação, passamos a confiar mais em nós. Também percebemos a grande confiança e o respeito que eles têm por seus mestres.

O budismo tibetano é organizado em linhagens, tendo *Atisha* como seu fundador. Às vezes, são chamadas de "escolas", como se houvesse grandes diferenças filosóficas entre elas, o que não chega a ser verdade. As linhagens mostram o passado das amizades íntimas dos alunos e seus mestres. Uma árvore de linhagem inteira pode ser visualizada como parte do processo de juntar-se à família em que podemos confiar. As quatro linhagens do budismo tibetano, em ordem histórica de aparecimento, são: *Nyingma, Kagyu, Sakya e Gelugpa.*

O relacionamento entre o professor e o aluno pode florescer através do ritual formal de iniciação e outorga de poder, o ingresso a uma nova prática. Requisitar uma outorga de poder para uma prática budista específica é uma honra para o professor e para a linhagem inteira; demonstra a grande motivação do aluno. A cerimônia sela nosso compromisso e nos dá forças para persistir quando o tédio se manifestar. Quando o mestre faz uma sessão de outorga de poder, ele nos dá permissão para que pratiquemos. Isso pode purificar nossa mente, nutrir a estabilidade mental, a concentração, a generosidade, a compaixão e outras qualidades espirituais.

Cabe a nós praticar para transformar nossa mente. A iniciação sozinha talvez não nos transforme, mas, se formos receptivos, pode nos inspirar profundamente. Pode ser uma bênção e um ato de fazer parte e de estar incluído entre aqueles que "se voltam para dentro de si". De certo modo, benzemo-nos. O budismo nos faz recordar que é bom estarmos vivos e continuarmos a respirar.

A tradição budista continua a evoluir à medida que cada geração de distintos praticantes presta suas contribuições. Cada nova geração de professores iluminados encontra novas maneiras de aguçar a imaginação, de buscar o compromisso e o trabalho árduo necessários para a mente natural brilhar através da obscura mente costumeira. O repertório de caminhos é surpreendente.

Dançarinos podem descobrir a realidade máxima através das várias danças lentas e meditativas do budismo. Artistas podem se conectar à linguagem visual da iluminação de escultores e pintores budistas, tanto clássicos quanto contemporâneos, incluindo recentes artistas, como Ian Fairweather, Ross Moore, Karma Phuntsok, Kerryl Shirley e Lama Karma Samten. Os fascinados por computação podem encontrar o budismo presente em elegantes redes de sistemas de doutrinas e silogismos. Pessoas sinceras se deparam com professores que dão ênfase à devoção, bondade e compaixão desde o começo. Há repetitivas práticas que permitem a purificação. Poetas encontram a nebulosa lua da iluminação evocada por milhares de poetas budistas, de *Atisha* e Milarepa, há milhares de anos, a contemporâneos australianos, como Robert Gray e Harold Steward. Isso não significa que o budismo perdeu sua pureza original de vista. O objetivo de despertarmos para a insubstancialidade de todos os fenômenos do mundo material e da mente, assim como de sermos libertados por esse conhecimento interior, segue o mesmo. E a maneira habilidosa de indicar o que vai além continua.

Alguns dizem que o budismo está na moda e, portanto, é suspeito. Esse comentário é superficial e cínico. O motivo de algumas pessoas procurarem o budismo pode ser, a princípio, superficial, mas os budistas não têm problema nenhum com isso. Quando elas começam a meditar, descobrem rapidamente que o budismo não é um modismo e que não pode ser reduzido a uma mera moda passageira. As pessoas não terminam onde começam. A prática budista nos desafia a acordar para a realidade da situação e ser autênticos. Coloca um espelho em nossa frente para nos mostrar quando estamos fingindo. Os grandes lamas acolhem todos no budismo, pois todos são tratados da mesma maneira. Todos têm a chance de ir além daquilo que os motivou a dar o primeiro passo.

O budismo é um verdadeiro despertar, no sentido mais profundo da palavra. Contudo, se pegarmos o caminho, fugirmos das armadilhas preparadas pelo ávido ego-mente e despertarmos, isso não será considerado um despertar budista. O objetivo da prática budista não é nos tornar budistas, mas nos tornar mais completos e autênticos no mundo. Com o budismo, descobrimos que nosso mundo materialista é bem manejável, desde que o *"eu"* esteja em proporção. Somos completamente livres e comuns. Não nos retraímos mais diante dos pontos fracos dos outros.

Aceitamos as pessoas como elas são, sincera e incondicionalmente. A compaixão por todos à procura da felicidade surge dentro de nós. Surge em uma mente desperta, junto com a habilidade necessária que precisamos para nos comunicar eficazmente e ajudar os outros a também despertar.

Em 1992, durante sua visita a Melbourne, o *Dalai Lama* disse que a compaixão é o coração do budismo e também o de todas as tradições religiosas.

> "O ensinamento essencial de todas as religiões é a compaixão ou o amor humano. Sem isso, até as crenças podem se tornar destrutivas. Desse modo, a essência, até na religião, é um bom coração. Considero o amor humano ou a compaixão como sendo a religião universal.
>
> Seja você religioso ou não, todos nós precisamos de amor humano e compaixão, porque a compaixão nos dá força interior, esperança e paz mental.
>
> Se estamos de bom humor ao acordar de manhã, se temos um sentimento reconfortante dentro de nós, nossa porta interior se abre automaticamente naquele dia. Mesmo que alguém hostil apareça, não nos sentimos perturbados e podemos até conseguir dizer algo gentil a essa pessoa. Entretanto, quando nosso humor não está nos melhores dias e estamos irritados, nossa porta interior se fecha automaticamente. Como resultado, mesmo se encontrarmos nosso melhor amigo, nos sentiremos desconfortáveis e tensos. Esses exemplos mostram como nosso comportamento interior faz uma grande diferença em nossas experiências diárias. Por essa razão, a fim de criarmos um ambiente agradável dentro de nós, com nossas famílias e comunidades, temos que compreender que a fonte suprema desse ambiente agradável está dentro da pessoa, dentro de cada um de nós – um bom coração, a compaixão humana, o amor.
>
> Sem a amizade humana, o sorriso humano, temos uma vida infeliz. A sensação de solidão fica insuportável. É a lei natural, segundo a qual dependemos dos outros para viver. Se nosso comportamento com os nossos amigos humanos, dos quais dependemos, for hostil, como poderemos ter esperança de alcançar a paz de espírito e uma vida feliz?"

Capítulo 2

Iluminando o Caminho:
A vida do 14º e 13º Dalai Lamas e a história da vida de ATISHA

Neste capítulo, contamos a história de três homens: o atual 14º *Dalai Lama*; seu predecessor, o grande 13º *Dalai Lama;* e *Atisha*, autor do texto *Lâmpada sobre o Caminho para Alcançar a Iluminação*.

O 14º *Dalai Lama* deixou o Tibete em 1959, forçado ao exílio pelos invasores de seu país. Muitos tibetanos fugiram com ele e começaram uma nova vida na Ásia e no Ocidente. Isso permitiu que a sabedoria do Tibete se espalhasse e florescesse pelo mundo afora. Textos antigos, conhecimento e experiência, ensinamentos e comunicações orais passados ao longo dos séculos foram introduzidos pelo *Dalai Lama*, iluminando o caminho para que pudéssemos segui-lo.

O grande 13º *Dalai Lama*, após também passar um tempo no exílio, voltou ao Tibete. Ele reformou seu país, fez o budismo renascer, favoreceu o treinamento de estudiosos budistas, promoveu as artes sagradas e mostrou que estava pronto para iniciar o processo da modernização.

Atisha foi um monge indiano do século 11 que, após ir a Sumatra, foi convidado pelo rei do Tibete Ocidental para ir ao Tibete. A prática budista estava em desordem no Tibete, e *Atisha*, na ânsia de ajudar todos os seres, concordou em fazer essa jornada a fim de restabelecer os ensinamentos. Ele foi responsável pelo renascimento, a "segunda propagação" de ensinamentos, que levou à fundação de três novas escolas de budismo. Seu famoso texto,

Lâmpada sobre o Caminho para Alcançar a Iluminação, foi escrito para iluminar o caminho dos tibetanos e inspirá-los à prática budista.

O Dalai Lama: sua vida e trabalho nos dias de hoje

Tenzin Gyatso, Sua Santidade, o *Dalai Lama* do Tibete, nasceu em 1935 em um pequeno vilarejo chamado Taktser, "o tigre que ruge", no distante nordeste do Tibete. Como muitos *Dalai Lamas* antes dele, veio de uma família comum de pequenos camponeses. Com 2 anos de idade, foi reconhecido após ter sido identificado por uma delegação de lamas de *Lhasa*.

Seu predecessor, o 13º *Dalai Lama*, tinha deixado alguns sinais e instruções sobre onde o jovem lama reencarnado poderia ser encontrado e, depois de uma investigação rigorosa, a criança foi identificada e confirmada como sendo o novo líder do povo tibetano. O menino, acompanhado de sua família, ficou três meses viajando pelas planícies despovoadas até chegar a *Lhasa*, onde os oficiais do governo e o povo haviam se reunido para acolher seu novo *Dalai Lama*.

O *Dalai Lama* passou seu primeiro ano em *Lhasa* na Norbulingka, o Jardim Jóia, um palácio de verão cercado por lindos jardins. Nele, entre grandiosas árvores, flores, lagoas e até um zoológico privado, o jovem *Dalai Lama* e sua família se adaptaram à nova vida. No dia 22 de fevereiro de 1940, ele subiu ao Trono do Leão e oficialmente ocupou seu lugar como *Dalai Lama*, passando, então, a se chamar Jamphel Ngawang Lobsang Yeshe *Tenzin Gyatso*.

O *Dalai Lama* passou a residir no Palácio de Potala, onde começou sua educação monástica, em preparação para quando tivesse que assumir a responsabilidade temporal e espiritual de sua nação. Aos 24 anos, recebeu o grau de *Geshe Lharampa* (título máximo equivalente a um doutorado em filosofia budista).

Tenzin Gyatso é o último de uma longa linhagem de *Dalai Lamas*, cada um deles considerado como a reencarnação do mesmo ser. O *Dalai Lama*, cujo nome significa "oceano de sabedoria", é o líder do Tibete e muito amado por seu povo.

Todos os *Dalai Lamas* são tidos como a personificação e manifestação do *Buda* da compaixão, *Chenrezig*, que simboliza a máxima compaixão altruística, uma qualidade evidente no homem que se refere a si mesmo como "um simples monge". O *Dalai Lama* está hoje na casa dos 70 anos e geralmente goza de boa saúde. Ele disse que, se o Tibete ainda estiver ocupado quando for a hora de sua morte, sua próxima reencarnação nascerá no exílio, em um país livre.

O *Dalai Lama* se tornou o líder da escola *Gelugpa*, uma de quatro linhagens *(Nyingma, Kagyu, Sakya* e *Gelugpa)* que evoluíram desde que o budismo foi introduzido no Tibete pela Índia. Embora ele seja um adepto extremamente devoto da escola *Gelugpa*, acredita profundamente no não-sectarismo e encoraja os alunos a ouvir e receber ensinamentos de professores qualificados de todas as quatro escolas.

O respeito do *Dalai Lama* por diversos pontos de vista inclui todas as tradições espirituais e religiosas. Repetidamente, expressou que as pessoas não devem abandonar sua herança religiosa, nem cultural. Ele acredita que, devido à grande variedade de pessoas na Terra, é necessário haver múltiplas crenças.

Em 1950, quando a China invadiu o Tibete, o *Dalai Lama* assumiu plena responsabilidade por seu país. Desde então, apesar de ter viajado várias vezes a Pequim para encontrar líderes chineses, não foi capaz de garantir uma solução pacífica para o Tibete. Em 1959, após um levante na capital, *Lhasa*, contido pelas forças chinesas, o *Dalai Lama* fugiu para a Índia, uma fuga perigosa e exaustiva pelas montanhas do Himalaia. Mais de 80 mil refugiados fizeram essa viagem assustadora e perigosa para segui-lo ao exílio e, no momento da chegada à Índia, muitos receberam asilo político. Vários monges e freiras também escaparam e começaram seu exílio, restabelecendo comunidades monásticas na Índia e no Nepal.

Hoje em dia, há mais de 120 mil tibetanos morando no exílio, grande parte no Ocidente. O *Dalai Lama* é uma força unificadora; ele se manteve com uma fonte de conforto e inspiração para seu povo nas situações mais difíceis. É o líder de uma população unida que esteve sob a ameaça de genocídio e guiou todo o povo tibetano ao exílio.

Desde que se exilou, o *Dalai Lama* tornou-se uma personalidade muito conhecida e respeitada pelo mundo afora. É reconhecido como o mestre supremo do budismo tibetano e viaja bastante, ensinando, comparecendo a fóruns e, muitas vezes, dando palestras públicas para milhares de pessoas. Em 2002, visitou a Austrália pela quarta vez desde 1982. Já fez várias visitas à Europa e aos Estados Unidos da América e participou de uma série de conferências na antiga União das Repúblicas

Socialistas Soviéticas e Mongólia. Já visitou a América do Sul, Taiwan e o sudoeste da Ásia e é constantemente requisitado a retornar a pedido dos que ficaram inspirados por sua presença.

A residência oficial do *Dalai Lama* fica em *Dharamsala*, uma estação nas montanhas do Himalaia, onde se situa o governo tibetano no exílio. Em 1960, a Índia concedeu terras aos tibetanos que já haviam estabelecido escritórios governamentais, escolas, hospitais e orfanatos. Desde que deixou o Tibete, o *Dalai Lama* trabalha para constituir um sistema governamental democrático. E ele disse que passará o poder político desse governo ao grupo eleito.

❂

Quando o *Dalai Lama* está em casa, no Himalaia, vive como um monge budista em uma cabana próxima a seus gabinetes. Toda manhã, acorda cedo, entre 3 e 4 horas, para meditar e estudar. De acordo com a tradição de todos os monges budistas, come refeições simples e tem um estilo de vida modesto. O programa *BBC World Service* divulga sua participação em vários acontecimentos e eventos mundiais. Ele cumpre uma atribulada agenda que inclui várias reuniões com sua equipe administrativa e oficiais governamentais, audiências particulares com visitantes, ensinamentos religiosos e cerimônias. Além disso, tenta se encontrar com todos os recém-chegados refugiados do Tibete.

Em razão do reconhecimento e respeito da comunidade internacional, já foram conferidos mais de 50 prêmios ao *Dalai Lama*. Em 1989, ele recebeu o Prêmio Nobel da Paz, em Oslo. Naquela época, o comitê do Prêmio Nobel da Paz enfatizou o fato de que ele se opôs fortemente ao uso da violência em sua luta pela libertação do Tibete, defendendo soluções pacíficas, baseadas na tolerância e no respeito mútuo, com o propósito de preservar o patrimônio histórico e cultural de seu povo. O *Dalai Lama* aceitou o prêmio em nome de todos os oprimidos no mundo, daqueles que lutam pela liberdade e trabalham pela paz mundial e pelo povo do Tibete. Ele também recebeu o Prêmio pelos Direitos Humanos Raoul Wallenberg, um doutorado honorífico em Direito, da Universidade de Melbourne, o Prêmio Terra Unida, das Nações Unidas, e o Prêmio Humanitário Alexandra Tolstoy.

Os princípios de interdependência e o desejo de não prejudicar nenhum ser vivo constituem a base do budismo tibetano. Todos os tibetanos compreendem e respeitam o meio ambiente e, no decorrer dos séculos, concentraram-se em não explorar o mundo natural. Esse é um resultado direto dos ideais religiosos que sugerem que as pessoas vivam em harmonia com tudo em sua volta. Durante séculos, a brusca paisagem tibetana de hoje foi administrada como um ecossistema perfeito, transbordando de vida selvagem, florestas e gramados. Os primeiros visitantes que foram do Ocidente ao Tibete descreveram as vastas áreas de beleza natural, cercadas pelas montanhas mais altas do mundo, cobertas de neve. Rebanhos de gazelas, iaques e pôneis selvagens vagavam livres.

O *Dalai Lama* continua a promover os ideais ambientais dos tibetanos, comparecendo a conferências ecológicas e apresentando suas propostas. Em seu discurso pelo Prêmio Nobel da Paz, ele disse:

> "Meu sonho é o de que todo o planalto tibetano se torne um refúgio livre onde a humanidade e a natureza possam viver em paz e em um equilíbrio harmonioso. Seria um local onde as pessoas de todas as partes do mundo poderiam buscar o verdadeiro significado da paz dentro de si mesmas, longe das tensões e pressões do restante do mundo. O Tibete poderia verdadeiramente tornar-se um centro criativo para a promoção e o desenvolvimento da paz."

Há várias instituições de caridade e organizações de assistência social dedicadas a ajudar os tibetanos. Uma delas é a Fundação Tibet House, inaugurada pelo *Dalai Lama* em 1994, com o objetivo de preservar a cultura e identidade tibetana e, assim, reabilitar refugiados tibetanos. Essa organização mantém centros de acolhimento a refugiados que continuam a fugir de seu país, bem como hospitais, escolas, mosteiros e conventos, seminários de treinamento e programas de educação cultural. Os tibetanos no exílio se adaptaram bem à nova situação, e sua cultura religiosa floresceu fora de seu país. O *Dalai Lama* é o patrono de muitas organizações e entrega todo o dinheiro que recebe a elas, com o fim de ajudar as pessoas e aliviar o sofrimento do povo tibetano.

O *Dalai Lama* responde imediatamente às situações desesperadoras que as pessoas vivenciam, seja qual for seu passado. Em janeiro de 2001, ao ouvir sobre o terremoto em Gujarat, na Índia, ele pediu à multidão de cerca de quatro mil pessoas presente na comemoração anual do *Dharma* que o ajudasse a recitar o mantra da compaixão para ajudar as vítimas do desastre. Ele, então, fez uma contribuição financeira para a Comissão de Esforço de Ajuda através do Fundo Monetário Mundial.

Após os acontecimentos de 11 de setembro de 2001 em Nova York, o governo tibetano, embora empobrecido, doou imediatamente US$ 30 mil aos grupos de busca e resgate. Como a personificação viva de *Chenrezig*, o *Dalai Lama* demonstra sua bondade e compaixão sem exceção nem perguntas.

O *Dalai Lama* participa de muitas conferências inter-religiosas e se empenha em encorajar a compreensão entre as várias crenças do mundo. Encontrou o papa no Vaticano em cinco ocasiões, bem como o arcebispo de Canterbury e outros importantes líderes anglicanos. Ele também se encontrou com membros de comunidades judaicas e fez um discurso em uma cerimônia promovida em sua honra pelo Congresso das Religiões do Mundo.

Ele viaja incansavelmente, introduzindo os valiosos ensinamentos de *Buda* e tornando-os vitais, verdadeiros e puros, pertinentes à nossa vida moderna e maneira de pensar. Grandes multidões comparecem a seus ensinamentos, inclusive muitos viajam horas a fio para serem abençoados e inspirados por ele.

Em 1992, quando ele chegou a Melbourne para fazer um discurso público no Centro Nacional de Tênis, mais de 22 mil pessoas foram ouvi-lo, mas o local não era grande o suficiente para comportar todos. Com muita satisfação, o comitê de organização da turnê rapidamente encontrou uma maneira de transmitir o discurso para os que haviam ficado de fora.

Em 2001, entre suas outras responsabilidades e ensinamentos, o *Dalai Lama* fez palestras em Toscana, Itália, sobre a obra *Lâmpada sobre o Caminho para Alcançar a Iluminação*, de *Atisha*, o mesmo ensinamento que deu em Melbourne, em 2002. No início de 2001, ele fez uma turnê de três semanas por oito cidades dos Estados Unidos. Dezoito mil pessoas compareceram ao seu discurso público na Califórnia: "Paz através da Paz Interior". Vários milhares de estudantes participaram de um fórum com ele, pois Sua Santidade acha importante passar a mensagem de paz e satisfação interior aos mais jovens.

Todo ano, o *Dalai Lama* dá palestras na Índia e visita Bodhaya, local onde, em 600 a.C., o *Buda* Shakyamuni alcançou a iluminação.

O *Dalai Lama* também fez parte de simpósios científicos e intelectuais e é o autor de vários livros sobre o budismo tibetano. Muitos outros livros foram escritos sobre ele, e coletâneas de entrevistas, debates e transcrições de ensinamentos foram publicados.

O *Dalai Lama* visitou o norte da Irlanda e outros países onde houve conflitos e guerras. Ele espera que um dia tenhamos um mundo desmilitarizado, sem armas nem destruição.

Ele sabe que pobreza, fome, superpopulação, problemas ambientais e doenças são agora questões globais, transcendendo as divisas nacionais. Ele acredita que só conseguiremos solucionar esses problemas com mentes pacíficas e felizes. Se nossa mente estiver em paz e tivermos compaixão, teremos um mundo pacífico e compassivo. O *Dalai Lama*, a personificação de *Chenrezig*, então, terá atingido seu desejo mais estimado. Sua oração preferida é Estilo de Vida do Bodissatva, de *Shantideva*, que exemplifica tudo o que está no caminho budista *Mahayana*.

Enquanto o espaço existir,
enquanto seres humanos permanecerem,
devo eu também permanecer
para dissipar a miséria do mundo.

Uma Síntese da História do 14º Dalai Lama (1935-)

Este *Dalai Lama*, como o histórico *Buda*, conheceu os extremos da existência humana. Vivenciou tudo.

Tenzin Gyatso nasceu para ser um líder e ter todos prostrados em sua presença. Desde criança, aonde quer que fosse, as pessoas o tratavam com o maior respeito. Era o grande líder para milhares de monges, freiras, alunos e tibetanos comuns que estavam envolvidos em um processo coletivo para despertar para a felicidade. Ele era o guardião máximo de uma tradição de dois mil anos e meio, em uma linhagem contínua. Sua administração, que garantia a autenticidade e profundidade da prática meditativa, era uma grande responsabilidade. Entretanto, perdeu tudo. Quando a China invadiu o Tibete em 1950, o *Dalai Lama* perdeu seu país. Ele não vê sua terra natal, nem seu povo, com exceção daqueles no exílio, há mais de 40 anos, desde seu exílio em 1959. Milhares de mosteiros foram destruídos pelas forças invasoras, milhões de valiosos manuscritos filosóficos e milhares de quadros e esculturas espetaculares e inspiradores foram perdidos para sempre. Uma civilização inteira, da qual ele era o ápice, foi destruída à força e às pressas.

Tudo isso estava nos ombros do jovem monge de 16 anos no ano em que o silêncio meditativo do Tibete foi rompido para sempre, quando o exército chinês e a era da máquina chegaram rugindo. Um jovem de apenas 16 anos teve que decidir o que era melhor para seis milhões de pessoas, uma civilização inteira e uma terra que havia sido muito bem administrada por nômades que compreendiam e respeitavam seus limites. Ele teve que lidar com a impaciente nação invasora, que via o Tibete como um bem inexplorado.

A China tinha pouco respeito pelas tradições meditativas do Tibete, e o jovem *Dalai Lama* precisou lidar com a doutrina do país invasor, que consistia em destruir tudo o que fosse antigo. Da noite para o dia, ele deixou de ser a fonte de proteção para todos os tibetanos e passou a ser a maior preocupação da China e alvo de suas forças. Em meio a tudo isso, o budismo foi seu guia e sua fonte de força interior.

Naquela época, o *Dalai Lama* ainda tinha vários anos pela frente antes de completar os estudos intensivos que fazem parte do currículo educacional de um grande lama. Nunca havia saído do Tibete, que, por sua vez, não havia sido tocado pela 2ª Guerra Mundial. Ele ansiava ser um simples monge budista, capaz de seguir uma vida de meditação e estudo. Quase nunca na história do mundo uma responsabilidade tão grande caiu em cima de alguém tão jovem.

Em 1951, o Exército de Libertação do Povo da China venceu o pequeno exército tibetano e tomou o controle de *Lhasa*, a cidade sagrada. Duas civilizações colidiram de frente, com o *Dalai Lama* como ponto de impacto. O Tibete já não podia se permitir ignorar o mundo. Continuar como antes não era mais uma opção. O mundo moderno, a ciência, a revolução, a industrialização, o ritmo de vida acelerado e o materialismo haviam penetrado, e não tinha mais volta. O *Dalai Lama* teve que decidir o que poderia ser feito. No filme *Kundun*, baseado nos escritos e nas memórias do *Dalai Lama*, vemos como ele cresceu e como contribuiu nesse momento de decisão, do qual não havia retorno. Quando era quase um adolescente, lorde Chamberlain leu para ele a profecia do grande 13º *Dalai Lama*, seu predecessor imediato, avisando sobre os desastres que agora começavam a acontecer. Ele ouviu muito assustado.

"O que podemos fazer?", perguntou ele. "Sou apenas um menino."
Sem hesitar, seu lorde camareiro disse confiante:

"Você é o homem que escreveu esta carta. Aquele que veio
nos liderar. Logo terá grandes responsabilidades. Deve saber o que
fazer."

"Kundun", que significa *"a presença"* em tibetano, é um dos muitos títulos pelos quais o *Dalai Lama* é conhecido pelo povo do Tibete. Ele escolheu ser uma presença entre nós, um protetor, embora estivesse completamente desperto e tivesse total liberdade para sair do mundo do sofrimento. Quando ainda era um jovem monge, *Tenzin Gyatso* teve que descobrir se poderia ou não ser essa *"presença"*.

Nascer *Dalai Lama* é ser *Dalai Lama* para o resto da vida. Não se pode renunciar a esse cargo. Continuar o trabalho do *Dalai Lama* anterior e satisfazer as necessidades do povo era uma grande responsabilidade.

A princípio, *Tenzin Gyatso* duvidava de que poderia corresponder às expectativas, enquanto seu povo ansiava que ele assumisse a responsabilidade total de um *Dalai Lama*. Normalmente, isso só deveria acontecer quando ele completasse 18 anos, mas não havia mais ninguém. Ele teve que se responsabilizar pelo destino de uma nação. Então, participou da grande cerimônia pública na qual recebeu a roda de ouro, símbolo de seu poder sobre o Tibete. Depois disso, seu selo autenticou todos os pronunciamentos oficiais. Mas o tempo era curto, e o exército chinês se aproximava, portanto ele tinha que se preparar para fugir para a Índia, a fim de evitar ser capturado. No entanto, logo voltou a *Lhasa*, então ocupada pelo exército chinês, e pelos próximos oito anos ambos coexistiram de uma forma constrangedora. A China se conteve em implementar seus planos revolucionários, mas a autoridade do *Dalai Lama* não estava sendo respeitada.

O povo tibetano foi ficando cada vez mais irritado pelo tratamento que recebia das forças de ocupação chinesas. O poderoso Partido Comunista, que controlava a maior nação da Terra, estava decidido a implementar o comunismo no Tibete para estabilizar os nômades, trazer uma parte da população transbordante da China e reconstruir o Tibete como um reflexo da China. O *Dalai Lama* era a última fonte de independência tibetana e, durante oito anos, ele conseguiu, através da pura presença da mente, protelar a inevitável tragédia.

"A China e o Tibete são como fogo e madeira", disse o *Dalai Lama*. E não precisaria muito para reduzir o Tibete a cinzas. Não havia uma solução nem uma resposta certa. Pequenos acontecimentos, de repente, passaram a ter uma importância crítica. O *Dalai Lama* não teve que tomar apenas uma decisão, mas milhares, e qualquer uma delas poderia ser vista pela China como intolerável. O monge *Tenzin Gyatso* e o poderoso general chinês Zhang foram colocados em *Lhasa* juntos pela história. Não havia nenhum predecessor a quem recorrer.

O *Dalai Lama* tinha apenas as armas dos "fracos": adiamento, flexibilidade, negociação, ambigüidade, charme, sagacidade e sensibilidade. Era hora de a prática budista tratar o inimigo como se ele fosse o precioso professor da paciência, em face a provocações e exigências absurdas; se o importante fosse a oportunidade de sobreviver, muito teria que ser sacrificado.

O *Dalai Lama* nunca se arrependeu de todas as humilhações. Logo após ter chegado ao exílio, escreveu: "Não me arrependo, de forma alguma, de ter seguido o caminho da não-violência até o fim. De acordo com o ponto de vista de importância primordial da nossa religião, era a única alternativa possível."

A linhagem contínua do despertar meditativo, transmitida de professor a aluno desde os dias de *Buda*, era o que mais importava. Nada era tão importante quanto manter a presença de professores completamente iluminados como guias e protetores de todos aqueles à procura da felicidade.

O filme *Kundun* termina com o *Dalai Lama* fugindo dos chineses, atravessando as altas montanhas do Himalaia até a Índia, enfraquecido e doente. Logo após sua jornada, ele escreveu: "Atravessar a fronteira não foi nada dramático, pois o país era igualmente selvagem em ambos os lados e também despovoado. Atravessei a fronteira atordoado pela doença, cansaço e com uma sensação de infelicidade tão profunda que nem posso expressá-la."

Aos 24 anos, o *Dalai Lama* começou a viver novamente. Havia escapado das forças armadas chinesas com vida, mas nada mais. Muitos problemas urgentes o inquietavam. A sobrevivência de uma cultura inteira estava sob sua responsabilidade, e ele ainda não tinha saído da casa dos 20 anos. Colegas refugiados estavam em perigo iminente. Passar do Tibete, frio, seco e elevado, para a Índia, quente, úmida e na monção, com refugiados empilhados em antigos campos para prisioneiros de guerra, causou epidemias de doenças contagiosas, para as quais tibetanos tinham pouca ou quase nenhuma imunidade. Muitos refugiados, que escaparam com sucesso do exército chinês e sobreviveram aos trechos nevados das montanhas do Himalaia, adoeceram e morreram na Índia. Os refugiados dependiam da bondade da Índia.

No Tibete, a situação estava ficando cada vez pior. Os tibetanos lutaram contra as forças militares chinesas e atraíram a ira do Partido Comunista. O *Dalai Lama* não podia fazer nada, a não ser observar de seu lugar no exílio:

> "Não acho que as pessoas queiram ler sobre os extremos da crueldade e não quero escrever sobre eles. Dezenas de milhares do nosso povo foram assassinados, principalmente por não quererem renunciar à sua religião. Lamas foram perseguidos, principalmente os idosos e mais respeitados."

Tudo o que o *Dalai Lama* temia aconteceu. Tudo o que o 13º *Dalai Lama* profetizou aconteceu. Só restava ao jovem *Dalai Lama* encarar esse pesadelo com firmeza.

Ele persuadiu o primeiro-ministro da Índia, Nehru, a deixar os tibetanos viverem nas montanhas, e não nas empoeiradas planícies e florestas tropicais da Índia. Os refugiados tibetanos – famílias inteiras com crianças pequenas – foram levados às montanhas, onde trabalharam em grupos, apenas com martelos e de cócoras, ao lado das estradas recém-formadas para o Himalaia, estilhaçando pacientemente pedras para cobrir o leito da estrada com pedregulhos. Era melhor do que os campos, mas não muito.

Refugiados são pobres coitados da terra, em uma luta constante para sobreviver. O *Dalai Lama* pediu que nunca desistissem, e esse se tornou seu mantra. A Índia ofereceu terras no tórrido sul do país, desde que os tibetanos estivessem dispostos a limpar a densa floresta com as próprias mãos e a lidar com elefantes selvagens. Limpar significava queimar. Sobre uma visita que fez aos refugiados, o *Dalai Lama* falou:

> "Não havia muito o que eu pudesse fazer além de dar a esses pioneiros todo o encorajamento possível. Eu disse a eles que não devemos perder a esperança e lhes assegurei, sem nem mesmo acreditar nisso, que um dia prosperaríamos novamente. Prometi que iríamos prevalecer. Felizmente, eles acreditaram em cada uma de minhas palavras e, sem dúvida, aos poucos, a situação deles se transformou. Do mesmo modo que eles acreditaram em mim, eu acreditei neles."

Ele rapidamente apreciou a modernidade. Em vez de se esconder atrás de rituais tradicionais, compartilhou com os outros não somente a vitória, mas também suas dúvidas. Optou por ser transparente sobre as dificuldades de estar à altura das expectativas, mesmo sendo difícil acreditar em suas próprias promessas. Começou o processo de abolição do protocolo que o tinha separado de seu povo dizendo:

> "Eu tinha uma forte sensação de que não deveríamos mais nos apegar a velhas práticas que já não eram mais apropriadas. Estava disposto a me abrir completamente, a mostrar tudo e não me esconder atrás de regras de etiqueta. Desse modo, tinha esperança de que as pessoas se relacionariam comigo de igual para igual."

Transparência, franqueza e a possibilidade de deixar os outros verem o funcionamento interno das coisas estão entre os melhores aspectos do mundo moderno e da democracia. O *Dalai Lama* rapidamente os adotou, apesar de ter causado um choque em seus oficiais. Em 1960, menos de um ano depois de sua fuga de *Lhasa*, deu início ao complicado processo de democratização, como ele mesmo contou: "As mudanças foram radicais demais para os tibetanos. A princípio, alguns oficiais mais velhos que tinham ido ao exílio tiveram dificuldade em aceitar essas mudanças."

Em 1962, aos 27 anos, o *Dalai Lama* escreveu em sua autobiografia, *Minha Terra e Meu Povo*: "Certamente, o Tibete jamais será o mesmo, mas nem queremos que seja. Ele nunca mais poderá ser isolado do mundo e não poderá voltar ao seu antigo sistema semifeudal." O *Dalai Lama* entrou no século 20 como um mensageiro da paz e da boa vontade para o mundo.

Lentamente, os tibetanos conseguiram se restabelecer e, hoje, são cidadãos do mundo capazes de se adaptar a qualquer lugar. Não somente os grandes lamas, mas também muitos tibetanos foram capazes de superar as dolorosas lembranças que o exílio levou à sua nova situação e consagraram muita energia ao que realmente importa. Como a sobrevivência dos refugiados estava garantida, eles se voltaram a reconstruir seus mosteiros, para que a continuidade da prática budista e as linhagens de praticantes não fossem interrompidas. No exílio, os tibetanos construíram mais de 300 mosteiros, que sustentam e onde vivem agora.

Hoje em dia, o Tibete, o povo do Tibete e o *Dalai Lama* são bastante conhecidos, e o budismo tibetano é acessível e praticado pelo mundo afora. Os lamas do mundo moderno inspiraram-se no *Dalai Lama* e em seu constante compromisso de responsabilidade universal para mudar as mentes contemporâneas.

A habilidade que eles têm de colocar seu status e eles mesmos de lado, assim como abandonar tudo o que não tem valor universal, são indícios para o tranqüilo florescer do budismo tibetano nos dias de hoje. Eles viram que as pessoas modernas não se incomodavam em encontrar comida, mas estavam sobrecarregadas de infinitas opções, crises de identidade e abundância, que quase nunca resultam em felicidade. Os lamas sabem que o budismo é útil em toda parte para os que sofrem de insatisfação, seja de origem externa ou interna, carência alimentar ou mente agitada. Eles preencheram os vazios culturais e se tornaram exemplos vivos de um modo de vida sem problemas.

Em 1963, o *Dalai Lama* escreveu um livro que sumariza o caminho budista inteiro em todas as suas diversidades, *Opening the Eye of New Awareness*, escrito para pessoas novas no budismo. Quando o *Dalai Lama* vivenciou o Ocidente em 1973, já estava pronto para falar de maneira simples e direta, o que fez com que sua mensagem se tornasse universal. Ele começou pela alienação dos jovens.

> "Não vejo nada de errado no progresso material, desde que o homem seja colocado à frente do progresso. Para resolvermos problemas humanos de todas as escalas, devemos ser capazes de combinar e harmonizar o progresso material externo com o desenvolvimento mental interno. As boas qualidades humanas, como honestidade, sinceridade, um bom coração, não podem ser compradas com dinheiro nem produzidas por uma máquina, mas sim pela própria mente. A religião existe para praticarmos algo que nos ajude a controlar a mente. O objetivo é transformar os pensamentos autodestrutivos exatamente em seu oposto."

O *Dalai Lama* viu-se em uma conversa com a raça humana, transcendendo diferenças e focalizando o que todos nós temos em comum. Chamou a isso de "sua filosofia". O livro elaborado a partir de seu primeiro contato com os ocidentais ganhou o nome de *Universal Responsability and the Good Heart*.

❃ O Grande 13º Dalai Lama (1877-1933) ❃

Apenas dois *Dalai Lamas* recebem o título de "grande" no que se refere à sua importância: o quinto e o 13º. É quase certo que o atual *Dalai Lama* também será considerado assim, talvez até o mais importante de todos. O atual *Dalai Lama* e seu predecessor, *Thubten Gyatso*, compartilham estranhas semelhanças em suas vidas.

A história do 13º *Dalai Lama* é a de um líder budista tão extraordinário quanto o 14º. De muitas maneiras, ele era parecido com o atual *Dalai Lama* e, de outras, bem diferente. Ambos demonstraram ser líderes vigorosos e reformadores, enfrentaram invasões estrangeiras e foram forçados ao exílio. Ambos procuraram modernizar o Tibete mantendo a prática budista intacta. Ambos teriam preferido uma vida monástica contemplativa tranqüila, mas foram chamados para proteger seu povo. Ambos sabiam quando aceitar com paciência o que não podia ser mudado e quando agir audaciosamente.

A maior diferença entre o 13º e o 14º *Dalai Lama* é que o 13º, com toda a riqueza, o povo e as instituições budistas do Tibete sob seu comando, permaneceu fechado em um mundo repleto de precedentes e rituais, apesar de seu esforço para progredir.

※

Olhando para trás, o 13º *Dalai Lama*, *Thubten Gyatso*, lembrou:

> "Quando completei 18 anos, fui intimado a aceitar a responsabilidade de servir como líder espiritual e temporal do país. Eu não me considerava qualificado para assumir esse cargo, porém, como todos os líderes religiosos e políticos fizeram um abaixo-assinado para eu aceitar, e o imperador da China também me encorajou a tomar essa decisão, senti que não havia outra alternativa."

Era o ano de 1895, e o poder imperial britânico na Índia estava em seu apogeu. O jovem de 18 anos disse, em suas palavras: "Dediquei-me incessantemente, dia após dia, ano após ano, aos vastos ensinamentos espirituais, até minha mente ficar completamente saturada deles." Seu treinamento havia sido intensivo. Sua mente estava focalizada, complacente, aberta e receptiva. Estava pronto para o que viria a ser um longo reinado de 38 anos.

Finalmente, depois de muito tempo, o Tibete tinha um *Dalai Lama* determinado no comando. (Após a morte do oitavo *Dalai Lama* em 1804, quase um século se passou antes de outro *Dalai Lama* firmar-se no trono. Os quatro *Dalai Lama*s que sucederam o oitavo e antecederam o 13º morreram muito jovens e não tiveram a oportunidade de assumir suas funções.) O 13º era robusto, seguro, franco, decidido e determinado a liderar o Tibete.

O Tibete permaneceu isolado e introspectivo, indiferente às ondas globais de nacionalismo, que eram um prenúncio da guerra mundial. A princípio, parecia que *Thubten Gyatso* teria tempo suficiente para completar os treinamentos máximos da mente, altamente estimados pelo budismo tibetano. Ele planejou fazer um retiro solitário de três anos. Todos os sinais eram promissores. Aos 12 anos, ele já havia memorizado e aprendido a fundo longos textos filosóficos profundos e, por isso, decidiu ir de mosteiro em mosteiro para discuti-los com os melhores eruditos.

Tanto espiritual quanto psicologicamente, estava pronto para fazer o retiro de três anos. Em 1903, preparou-se para começar, porém, apenas alguns meses depois, o mundo moderno irrompeu no Tibete, e seu retiro contemplativo terminou abruptamente. O império britânico invadiu o Tibete, o que marcou o início de uma década de invasões, período durante o qual o jovem *Dalai Lama* se refugiou duas vezes.

Thubten Gyatso nasceu durante o longo reinado da rainha Vitória. A Índia era a jóia da realeza britânica, e os oficiais britânicos, interessados em aventuras imperiais, instigaram Londres a invadir o Tibete e colocá-lo sob o controle britânico, a fim de excluir os russos. Em 1903, quando as tropas britânicas na Índia atravessaram o Himalaia a caminho do Tibete, o 13º *Dalai Lama* já governava o país há oito pacíficos anos. Pela primeira vez na história do Tibete, os grandes fortes e mosteiros, com seus grossos muros de pedra, estavam indefesos perante a artilharia moderna. Centenas ou até milhares de tibetanos foram massacrados pelos britânicos que se dirigiam rumo à cidade sagrada de *Lhasa*.

Os ingleses tinham a esperança de fazer os tibetanos assinarem um tratado entregando-se ao exército britânico, mas o *Dalai Lama* e todos os oficiais tibetanos seniores haviam desaparecido. Os ingleses se depararam com o método budista clássico de lidar com a agressão. Ninguém reagiu à agressão, e não restou outra escolha aos britânicos além de esperar e esperar. Passaram meses esperando, mas, como não havia ninguém para negociar com eles, finalmente retornaram à Índia. Essa é a política da não-violência pela qual o *Dalai Lama* é altamente reconhecido, mas, às vezes, as pessoas a vêem erroneamente como uma fraqueza.

Segundo as tropas militares britânicas, os tibetanos foram fracos. No entanto, sua fraqueza era, na verdade, sua força, visto que os ingleses foram embora de mãos abanando. A crise havia acabado, e o *Dalai Lama* aproveitou a oportunidade para viajar muito por toda a devotada Mongólia budista. Em seguida, foi aconselhar a idosa imperatriz da China. Na posição de refugiado, escreveu um poema, ou uma canção, que resumia as experiências de sua vida aos 25 anos.

Quando a estabilidade em treinamento é atingida,
podemos facilmente transformar
todas as situações negativas e acontecimentos desagradáveis
que surgem para perturbar a mente,

*como doenças, obstáculos e problemas,
em um ajudante no caminho.
Cultive a habilidade de implementar corretamente
esse aprendizado essencial.*

*Embora o envolvimento com problemas mundiais
possa trazer benefícios superficiais imediatos,
em longo prazo, apenas nos prejudica
e retarda nossas chances de alcançar a iluminação.*

A tradução falha em transmitir as qualidades poéticas dos versos, que facilitam a memorização para os tibetanos e ajudam a lembrá-los sempre que necessário. Para um jovem de 25 anos, ditar o caminho para a felicidade era uma tarefa muito ousada.

O 13º *Dalai Lama* passou muito tempo no exílio. O imperador chinês convidou o *Dalai Lama* exilado para ir a Pequim, onde Sua Santidade abençoou a idosa imperatriz e o sobrinho do imperador. A dinastia Qing estava com seus dias contados, mas a invasão britânica incitou o império chinês. Os soldados britânicos, que desfilavam pelas ruas de *Lhasa*, forçaram a China a agir, obrigando o 13º *Dalai Lama* a atravessar uma nova crise.

De volta a *Lhasa*, ele encontrou a cidade ameaçada por milhares de soldados chineses. O exército chinês estava equipado com armas muito mais modernas e letais do que qualquer outra que o Tibete possuía. As tropas chinesas tinham passado meses atravessando o Tibete, saqueando mosteiros e executando tibetanos enviados para negociar a paz. O povo tibetano estava indignado.

Como castigo por ter permitido a invasão britânica, a China tirou o título do *Dalai Lama*. Os tibetanos ignoraram esse ato, mas o exército chinês entrou em *Lhasa* e atacou os templos budistas mais sagrados, inclusive o palácio do *Dalai Lama*, Potala.

O Tibete estava impotente, indefeso. O *Dalai Lama*, que havia retornado há apenas dois meses, teve que fugir novamente. As tropas chinesas foram atrás, determinadas a capturá-lo ou matá-lo. Tudo era incerto. Apesar disso, o *Dalai Lama* nunca se sentiu uma vítima das circunstâncias. Ele insistia que, em qualquer situação, cabia a nós decidir como reagir.

Se fosse para os *Dalai Lamas* prevalecerem e os tibetanos continuarem a ser os guardiões do Tibete, ele teria que fugir. No entanto, o fez não por temer por sua vida, mas pela do seu povo. Tinha uma personalidade forte e estava acostumado a permanecer no comando. Mas, se ficasse, "seria apagado como uma simples pegada na areia", disse ele ao se referir ao primeiro símbolo do *Buda*.

O *Dalai Lama* foi para o sul, em direção ao Himalaia e à Índia. Quando as montanhas do Himalaia surgiram à sua frente, teve que decidir se pegaria o caminho mais fácil para se refugiar no reino budista independente de Butão ou se atravessaria o Himalaia em pleno inverno, na esperança de chegar à Índia. Entorpecido de frio, achou uma maneira de tomar uma decisão. Fechou os olhos. Se conseguisse unir a ponta dos dois dedos indicadores em frente à testa, seguiria, apesar das dificuldades, pelos bancos de neve das altas montanhas até a Índia.

"As pontas se uniram, então, decidiu enfrentar os 65 quilômetros, em vez de apenas 3. Depois de ter atravessado sem perigo, os tibetanos interpretaram isso como um verdadeiro sinal de que ele era mesmo a reencarnação de *Chenrezig*". Foi o que seu amigo Charles Bell escreveu.

Era um empreendimento arriscado. Os britânicos se aproveitariam de sua fraqueza? A China se entrincheiraria em *Lhasa*? Tudo dependia do *Dalai Lama* e de um cidadão inglês encarregado de contatar, interpretar e negociar. Esse homem era Charles Bell. Eles se deram muito bem, e a amizade dos dois ajudou a suavizar a ideologia oficial britânica.

A Grã-Bretanha considerava que o mundo era dividido em grandes nações, como a Grã-Bretanha, Rússia e China, e que o Tibete deveria pertencer a uma delas. Os britânicos só não queriam que a Rússia tivesse algum direito sobre o Tibete. Se a China reivindicasse o controle, não haveria problema. Apesar disso, Charles Bell ajudou o *Dalai Lama* em tudo o que foi capaz.

O *Dalai Lama* teve que ser paciente com seus inimigos e não se sentir uma vítima deles. Passados anos, não muito antes de sua morte, ele escreveu:

> "Diante dessas condições, não havia nada que pudéssemos fazer além de nos sentar e rezar por uma mudança favorável nessa situação. E nossas preces logo foram atendidas, pois o poder profundo da verdade é muito poderoso, e as forças do carma são infalíveis."

Todos os dias, o *Dalai Lama* passava quatro ou cinco horas a meditar e praticar a visualização criativa. Lembrava os ensinamentos de Atisha sobre como transformar situações adversas em um caminho para a iluminação. Essas práticas de transformação do pensamento usam todas e quaisquer situações presentes como objeto de meditação para dissolver a solidez, de aparência enganosa, de todos os erros cometidos.

A Grã-Bretanha foi à guerra contra o Tibete sob o comando de lorde Curzon, mas Curzon estava desacreditado, e lorde Minto, seu substituto, não era homem de planos grandiosos. Ele queria que a Grã-Bretanha fosse uma nação cordial. O *Dalai Lama* encontrou o vice-rei britânico, que estava no comando da Índia. Uma saudação de 17 tiros acompanhou sua apresentação ao lorde Minto, com Charles Bell presente como seu intérprete.

O *Dalai Lama* decidiu que a melhor política era aceitar a hospitalidade britânica e esperar, dando espaço aos chineses. Ele esperou dois anos. Durante esse período, a queda da última dinastia chinesa provocou uma revolta em seus soldados, que se voltaram uns contra os outros ou desertaram, retornando às suas famílias na China. Apesar da carência de armas modernas, os soldados tibetanos ficaram confiantes e armaram repetidas emboscadas para as tropas chinesas. Finamente, com os chineses à beira do colapso, o *Dalai Lama* retornou para casa. Os novos líderes da China devolveram seu título, mas para os tibetanos ele nunca havia deixado de ser o *Dalai Lama*, protetor de seu povo.

A ambição da China de colonizar o Tibete tinha, segundo o *Dalai Lama*, "desbotado como um arco-íris no céu". Os tibetanos puderam reconstruir seu país, e o grande 13º *Dalai Lama* governou por mais 20 anos. Ele reavivou os sagrados rituais de dança, supervisionou os padrões da academia para o treinamento de professores de filosofia avançada, combateu a corrupção, pintou, aprendeu tudo o que pôde sobre o mundo, compôs músicas e poesias, escreveu textos filosóficos e comentários sobre os clássicos e foi o patrono de um renascimento artístico. Ele reformou o Tibete, supervisionando mosteiros, mantendo uma prática de meditação diária, ensinando textos budistas e cumprindo com suas responsabilidades.

Após as invasões britânicas e chinesas, o Tibete nunca mais seria o mesmo. *Thubten Gyatso* sabia que o Tibete, um dia famoso por seu isolamento, teria que encontrar seu caminho para o mundo moderno. Em seu último testamento, ele encorajou o Tibete a enfrentar seus perigos.

> "Nos dias de hoje, as cinco grandes decadências parecem dominar completamente a vida na Terra, ao ponto de brigas e conflitos fazerem parte da estrutura humana. Se não nos prepararmos para nos defender da crescente violência, teremos pouca chance de sobreviver."

Os tibetanos não conseguiam imaginar a violência do mundo inundando o Tibete, portanto nunca tinham se preocupado em formar um exército moderno. O Tibete precisava de tradutores, operadores de rádio, geólogos de minerais e outros peritos. Em 1933, não muito depois de ter feito seu comunicado, o 13º *Dalai Lama* morreu. Quando a China finalmente invadiu o Tibete, o próximo *Dalai Lama* já estava quase na idade de assumir o controle.

Os tibetanos têm grande respeito pelas realizações do grande 13º *Dalai Lama*. Takser Rinpoche, irmão mais velho do atual *Dalai Lama*, disse:

"É surpreendente que tudo isso tenha sido feito por apenas um homem. Para um homem comum, cada uma dessas atividades teria levado uma vida inteira. Suas realizações foram equivalentes às de dez grandes homens."

Os que tiveram contato com ele não tinham dúvida de terem vivenciado a iluminação, não como teoria ou filosofia, mas sim como a personificação viva da realidade. Esse *Dalai Lama* tinha convicção, força e objetividade para ser o que a época exigia, para ser quase tudo para todos. Uma pessoa iluminada pode ser um líder competente e decisivo, capaz de desempenhar vários papéis conforme as circunstâncias, pois não há um *"eu"* essencial por trás de cada papel, permitindo que eles se adaptem a cada situação.

O 13º e o 14º *Dalai Lamas* eram fascinados por jardinagem e tecnologia moderna. Ambos tinham o dom de transmitir aos outros uma sensação serena e familiar, de acordo com a reação de cada pessoa. Sabiam quando agir de modo decisivo e quando aguardar pacientemente. Os dois *Dalai Lamas* viraram refugiados. Eram modernos, adaptavam-se facilmente, eram impassíveis com relação ao passado e fizeram amizades duradouras, rompendo assim barreiras culturais e diferenças pessoais. Ambos contavam com as armas dos *"fracos"*, com a não-violência, e escreveram vários textos filosóficos e poemas inspiradores para mostrar como podemos viver autenticamente, livres e felizes, inclusive diante das circunstâncias mais extremas. Eles personificaram e viveram vidas iluminadas, inspirando outros a fazer o mesmo.

Talvez o maior elo entre os dois seja o profético testamento do 13º *Dalai Lama*, que especificou detalhadamente os acontecimentos que fariam parte da vida de seu sucessor. Em 1931, *Thubten Gyatso* escreveu:

> "Devemos nos proteger, principalmente contra os bárbaros comunistas vermelhos que levam terror e destruição aonde vão. Eles são os piores dos piores. Já destruíram quase que a Mongólia inteira. Não tardará para vermos o vermelho ataque sangrento em frente às nossas portas. Até os nomes Dalai e Panchen Lamas serão apagados, bem como o de outros lamas, seres sagrados e pertencentes a uma linhagem. Mosteiros serão saqueados e destruídos, e monges e freiras assassinados ou perseguidos. As grandes obras dos nobres reis do Dharma de antigamente serão desfeitas, destruídas e esquecidas. Os direitos natos e os bens das pessoas serão confiscados. Seremos obrigados a ser escravos de nossos conquistadores e a vagar pelas ruas como pedintes. Todos serão forçados a viver na miséria e a suportar longos dias e noites de sofrimentos."

Dois anos mais tarde, o 13º *Dalai Lama* morreu. Dois anos depois, seu sucessor nasceu e, ao completar 16 anos, a profecia de seu predecessor se tornou realidade.

❁ ATISHA (982-1054) ❁

Há mil anos, um monge indiano budista chamado *Atisha* viajou da Índia ao hemisfério sul e, em seguida, aos altos prados alpinos do Tibete. Era perigoso e difícil viajar para regiões tão remotas quanto a área central do budismo na Índia. Essas duas viagens foram feitas na segunda metade de sua vida.

Na primeira viagem, *Atisha* atravessou o Equador de barco até o Reino Budista de *Srivijaya* (Grande Vitória), hoje Sumatra, na Indonésia, para encontrar um professor que pudesse ajudá-lo a libertar sua mente. Na época, o budismo na Índia estava em declínio, e a quantidade de professores indianos cujas vidas exemplificavam os ensinamentos diminuía. *Atisha* já era um professor conhecido na Índia, mas estava determinado a alcançar a iluminação em uma vida, o que o levou a atravessar mares famosos por seus perigosos piratas e monstros. *Atisha* arriscou sua vida porque em Sumatra havia um professor tão inspirador e incisivo que conseguia levar os meditadores a alcançar a plena iluminação. Já sua segunda viagem foi pelas montanhas do Himalaia até o Tibete, a convite do rei do Tibete ocidental, que pediu a *Atisha* para restabelecer os ensinamentos budistas no país.

No Reino Budista de *Srivijaya*, *Atisha* encontrou Dharmakirti, um professor cujo penetrante conhecimento interior permitia que os alunos se libertassem de toda infelicidade, expectativa e medo. Em *Srivijaya*, o budismo não era uma prática provincial, mas um compromisso de corpo e alma, em todos os níveis da sociedade, para o despertar da felicidade. O budismo naquele lugar havia superado o pai indiano.

Na época, o budismo na Índia já possuía 1.500 anos, mas estava à beira da morte devido ao ataque de invasores afegãos que atacaram a Índia e destruíram mosteiros. Na ilha de Sumatra, o budismo era praticado com vigor e com propósito. *Srivijaya* era extraordinariamente rica, e seus reis sempre prestavam homenagem ao mar compartilhando sua riqueza. Todos os dias, os cidadãos mais ricos de *Srivijaya* jogavam barras de ouro ao mar em honra à fonte de sua riqueza.

A riqueza de *Srivijaya* se devia ao comércio de mercadorias. A presença do budismo nessa época áurea não ocorreu por acaso, pois o sucesso de *Srivijaya* se baseava em transformar a pirataria naval em um comércio de mercadorias, o que significava a pacificação dos piratas. Meditadores budistas, com poderes semelhantes ao de *Atisha*, amansavam a mente dos piratas nômades que haviam empesteado aquelas águas. O reino de *Srivijaya*, que durou 350 anos, nunca forçou esses piratas nômades a fixar residência ou abandonar a vida no mar. Em vez disso, fez bom uso de suas energias, favorecendo o comércio e a prosperidade com base no profundo conhecimento dos mares e das inúmeras ilhas.

Os biógrafos de *Atisha* escreveram tanto sobre sua viagem de 13 meses ao hemisfério sul quanto sobre os 12 anos que passou com seu professor. A viagem foi uma grande conquista, uma época de investigação, purificação e, acima de tudo, um triunfo do poder da bondade sobre a violência. De forma significativa, o atual *Dalai Lama*, que é visto como a encarnação da divindade da compaixão, muitas vezes fala do amor como uma força verdadeira no mundo, capaz de superar o ódio em todos os sentidos. Para os tibetanos, *Atisha* é um herói cultural, porque nunca teve dúvidas de que a compaixão é relevante, útil e poderosa em todas as situações.

Na biografia tibetana de *Atisha*, o auge da história de sua vida é sua chegada diante de seu novo professor, celebrada em longos versos ao se cumprimentarem com uma eloqüência lírica. *Atisha* já era um talentoso meditador, capaz de amansar demônios com o poder de sua bondade e compaixão incondicionais. Em *Srivijaya*, recebeu ensinamentos sobre como construir nosso mundo, como as coisas existem e como nossa infelicidade e a complexidade do mundo nascem de nosso desejo de existir como seres independentes. *Atisha* buscou um conhecimento profundo na natureza das coisas, uma sabedoria penetrante no coração do budismo. O *Dalai Lama* chama isso de "conhecimento especial". Ele aprendeu que tudo o que surge, tudo o que aparece é vazio. Como o Sutra do Coração diz:

> *Não existem características.*
> *Não existe nascimento, nem descontinuação.*
> *Não existe impureza e não-impureza.*
> *Não existe acréscimo, nem diminuição.*
> *No vazio, não existe ignorância ou fim da ignorância, nenhuma*
> *velhice ou morte e também fim da velhice e morte;*
> *não existe sofrimento, nem origem do sofrimento, nem supressão*
> *do sofrimento e nenhum caminho para a aniquilação do sofrimento;*
> *não existe caminho, sabedoria, realização, não-realização.*

Atisha desenvolveu sua sabedoria para ficar à altura de sua compaixão. Estava pronto para retornar à Ásia central, onde compôs *Lâmpada sobre o Caminho para Alcançar a Iluminação*.

O Tibete introduziu o budismo muito depois de seus países vizinhos. Na época de *Atisha*, a China era budista há oito séculos, a Índia há 1.500 anos, e os países asiáticos que fazem fronteira com o Tibete também eram budistas há muito tempo. No Tibete, muitos adotaram o budismo, mas também houve bastante resistência, em parte devido a um medo real de que o Tibete budista não mantivesse mais a força militar das conquistas tibetanas. Mas um dos reis locais estava disposto a gastar sua fortuna inteira, caso fosse preciso, para levar *Atisha* ao Tibete. Ele enviou à Índia um talentoso negociador, Nagtso, para tentar convencer *Atisha* e seus mestres de meditação indianos, de quem precisava de permissão, a ir ao Tibete.

Conhecemos o tipo de pessoa que *Atisha* foi através da percepção de Nagtso quando o encontrou há mil anos. Sem saber como reconhecer *Atisha*, ele observou monges budistas, eruditos e grandes meditadores reunidos no corredor do famoso mosteiro indiano de *Vikramashila*. Mais tarde, Nagtso escreveu uma carta endereçada a *Atisha*:

> "Quando todos os participantes já haviam se juntado à assembléia, o senhor, lorde, apareceu e não consegui desviar os olhos do senhor. Aos olhos dos indianos, o senhor parecia indiano; aos dos nepaleses, tibetanos e deuses, parecia nepalês, tibetano e um deus do mesmo grau, respectivamente. Além do grande esplendor em sua aparência, havia um sorriso em seu rosto: seus mantos eram lisos como se fossem polidos. O senhor andava sem arrogância, com um andar suave, como se o próprio rei tivesse levantado de seu trono."

No Tibete, *Atisha* encontrou outro povo nômade em pastos tão vastos quanto o Oceano Índico. Como os marinheiros de Sumatra, os tibetanos eram selvagens e precisavam dos ensinamentos que conduziriam a mente em direção ao equilíbrio e à felicidade que vêm de dentro de nós. *Atisha* realizou muita coisa no Tibete. Ensinou os tibetanos a colocar em prática a riqueza da diversidade dos métodos budistas. Nos 12 anos que passou no Tibete, certificou-se de que todos os ensinamentos, métodos, caminhos, práticas e linhagens meditativas criassem raiz em solo fértil. Surgiu uma grande variedade de métodos, conforme a habilidade de cada um, que *Atisha* introduziu de uma maneira semelhante ao ciclo de evolução; começando com práticas básicas, apropriadas para iniciantes, e passando a métodos efetivos mais diretos, que exigiam maior concentração, claridade e equilíbrio da mente. Sua abordagem sistemática culminou nos métodos mais diretos de despertar e transformar os hábitos, que também exigem maior dedicação e motivação. Esse ciclo inteiro está resumido em *Lâmpada sobre o Caminho para Alcançar a Iluminação*.

Como *Atisha*, o *Dalai Lama* é conhecido por sua bondade, informalidade e humildade. Ele sumariza os ensinamentos de *Atisha*:

> "Algumas pessoas, principalmente aquelas que se acham realistas e práticas, podem pensar que a idéia de desejar felicidade para todos os seres sencientes e cultivar pensamentos de apreciação por eles é irrealista e idealista demais. Ela não contribui, de modo algum, na transformação da mente das pessoas nem na obtenção de uma educação mental qualquer, pois é completamente impossível de ser alcançada."

De certo modo, essa pode ser uma objeção válida, mas o importante é compreender o impacto de cultivar esses sentimentos altruísticos.

"O objetivo é tentar desenvolver o âmbito da empatia para que possa se estender a qualquer forma de vida que tenha a capacidade de sentir dor ou felicidade. Esse tipo de sentimento é muito poderoso e eficaz."

Atisha e o *Dalai Lama* são dois praticantes budistas cujas vidas mostram como a compaixão e a sabedoria são poderosas e eficazes. Suas presenças iluminam a vida das pessoas como energias tangíveis, inspirando todos a buscar o mesmo despertar.

O Caminho Adiante

A vida do 13º e 14º *Dalai Lamas* abrange o século 20 inteiro, um século turbulento na história do Tibete, do budismo e do mundo. O que o 13º *Dalai Lama* profetizou em 1931 ainda é verdade mesmo 70 anos mais tarde. O *Dalai Lama* continua profundamente preocupado com a sobrevivência da civilização tibetana e sua contribuição ao mundo. Ele convida o mundo a compartilhar essa preocupação e favorece discussões sempre que possível. Ele nos encoraja a refletir sobre a sobrevivência de um autêntico Tibete tibetano.

> "Logicamente a posição política do Tibete é importante, porém, a meu ver, o mais importante é manter vivos o espírito do país e o patrimônio cultural tibetano. Isso beneficiaria seis milhões de tibetanos, assim como também comunidades maiores, principalmente, em longo prazo, os chineses. Há milhões de jovens chineses que, às vezes, são chamados de geração perdida. Nesse vácuo, a cultura budista tibetana poderia fazer sua contribuição."

O budismo é o foco da crença do *Dalai Lama* na não-violência como uma solução eficaz. Com uma paciência extraordinária, ele busca uma resolução aceitável para todos em longo prazo, em vez de uma vitória em curto prazo, da qual haverá ganhadores e perdedores. É compreensível que alguns tibetanos estejam frustrados com o fato de quatro décadas de não-violência não terem levado a nenhum resultado, mas o *Dalai Lama* não desiste jamais.

O *Dalai Lama* e seu primeiro-ministro, *Samdhong Rinpoche*, inspiram-se em *Gandhi*, que pressionou os britânicos a deixar a Índia, assim como protelou essa vitória por décadas, em vez de deixar as emoções populares explodirem em uma violência desenfreada. *Gandhi* chamou isso de "um experimento com verdade", e o *Dalai Lama* igualmente acredita que, no fim, a verdade prevalecerá.

Essa fé vem da crença budista de que todas as nossas desilusões são simplesmente nuvens que obscurecem o sol por um curto tempo. A mente humana é como o sol, infinitamente criativa, talentosa, imaginativa, expressiva, capaz e conectada; nossas ideologias, crenças pessoais e os hábitos da mente são nuvens que dispersam por iniciativa própria, desde que tenham espaço para fazê-lo. Despertar para a plena capacidade da mente é tão natural quanto o Sol aparecer por trás de uma nuvem. É por isso que o *Dalai Lama* permanece otimista. Recentemente, ele disse:

> "A verdade tem uma força própria. Com o passar do tempo, algo verdadeiro começa a crescer e torna-se cada vez mais forte."

Em conversas globais com a humanidade, o *Dalai Lama* toca nosso coração para que tomemos conhecimento de nós mesmos e de tudo o que nos rodeia. Sua Santidade tem planos muito maiores do que a liberdade de seu povo. Se existir uma resolução não violenta para o conflito no Tibete, todas as pessoas do mundo compreenderão que essa é uma alternativa verdadeira, em vez de utilizar a agressão para combater a agressão. O *Dalai Lama* tem muita convicção de que a não-violência seja a solução para demonstrar a todos os povos em guerra do mundo que, como *Gandhi*, ele prefere uma longa espera, desde que o resultado seja duradouro.

> "Nosso objetivo fundamental deveria ser a desmilitarização do planeta inteiro. A meu ver, se tudo fosse bem planejado e as pessoas fossem instruídas para compreender os benefícios que isso traria, seria possível. No entanto, para acreditarmos na eliminação das armas físicas, é necessário um desarmamento interior. Precisamos embarcar na difícil tarefa de desenvolver amor e compaixão dentro de nós. Compaixão é, por natureza, pacífica e delicada, mas também muito poderosa."

Muitas vezes, as pessoas pensam que o papel global do *Dalai Lama*, de ensinar a bondade básica e responsabilidade universal, não tem absolutamente nada a ver com seu papel como defensor dos direitos humanos e líder dos tibetanos. Mas eles são inseparáveis. Às vezes, ele cita seu herói, *Mahatma Gandhi*, que disse:

> "Não entendem nada de religião aqueles que afirmam que ela nada tem a ver com a política."

Agora, o interesse moderno no budismo e a situação do Tibete podem parecer muito distantes, um sendo pessoal e o outro político. Contudo, o *Dalai Lama* nos faz lembrar de que o poder da não-violência é o poder da verdade, mobilizada e expressada para que todos possam ouvir. Ainda não conseguimos ver exatamente o que o *Dalai Lama* pretende alcançar, mas o "momentum" está aumentando, e ele diz que ainda tem muitos anos pela frente.

Todos nós precisamos de um líder mundial sábio, gentil, prático e benevolente, que nos ajude a lembrar o que realmente importa. É isso o que o *Dalai Lama* se tornou, e ele representa um papel ímpar em nosso mundo globalizado e interdependente.

O *Dalai Lama* simplesmente sugere que você assuma quem você é, aceite e vivencie você mesmo e o mundo, volte-se para dentro de si próprio e, tranqüilamente, faça toda a mudança necessária para viver de forma sadia e benéfica. Podemos rezar para que ele desfrute de uma longa vida, pelo bem de todos os seres scientes, sem nenhuma exceção.

Capítulo 3

Felicidade em um Mundo Material:
Um ensinamento do 14º Dalai Lama

Todos nós queremos felicidade, e não sofrimento, mas nos
deparamos com torrentes incessantes de sofrimento.
Se tentarmos descobrir de onde provém esse sofrimento,
perceberemos que ele vem de dentro de nós.
As emoções aflitivas, interiores, que residem dentro de nossas
mentes, são a verdadeira origem do problema...
A causa não é o chamado inimigo externo...
A essência da doutrina budista constitui, na verdade,
o método ou mecanismo para combater nosso inimigo interno.

Em 1996, o *Dalai Lama* visitou a Austrália e a Nova Zelândia, ensinando, proferindo palestras e se encontrando com muitas pessoas. Onde esteve, defendeu veementemente a paz mundial, o amor, a compaixão e a importância da tolerância e da compreensão para com as pessoas de religiões e meios sociais diferentes. Sua visita culminou na iniciação *Kalachakra* em Sydney, e os ensinamentos apresentados neste capítulo foram retirados dos ensinamentos preliminares que ele transmitiu nos dias que precederam a iniciação.

Mais de quatro mil pessoas assistiram aos ensinamentos *Kalachakra*, que duraram oito dias; foram dias cheios de cor, rituais e bênçãos, bem como de ensinamentos profundos de *Buda*. Este capítulo, a seguir, reproduz algumas das perguntas feitas ao *Dalai Lama*, além de trechos dos próprios ensinamentos preliminares transmitidos por ele ao longo de três dias.

❁ Os Ensinamentos do Dalai Lama ❁

Antes de ensinar, gostaria de explicar a razão pela qual me prostro perante o trono antes de me sentar nele. Essa tradição é muito útil. Primeiro, mostramos reverência ao lugar no qual o professor irá sentar-se e transmitir os ensinamentos, com o propósito de mostrar respeito aos ensinamentos e ao próprio *Buda*. Até mesmo o *Buda* Shakyamuni, antes de realizar uma cerimônia ou transmitir ensinamentos, preparava o local onde se sentava de modo a mostrar respeito pelos ensinamentos. A questão essencial é que, de acordo com o budismo, o verdadeiro refúgio onde se encontra toda a proteção não é o *Buda*, mas o *Dharma*. Portanto, até o próprio *Buda* mostrou respeito para com o *Dharma*. Uma vez que seguimos o *Buda*, antes de transmitirmos os ensinamentos, devemos mostrar respeito pelos ensinamentos e por *Buda*. Esse é um dos objetivos da prostração.

O segundo objetivo é que existe o perigo de que, ao sentar-se numa posição superior, possa pensar: "Ah, pelo menos hoje, por um curto período, sou alguém importante." Esse tipo de sentimento negativo pode crescer. Para contrariar isso, em primeiro lugar, devemos mostrar respeito, pelos ensinamentos, por *Buda* e também pelos membros da linhagem. Em seguida, podemos nos sentar no trono, recitar alguns versos e meditar sobre a impermanência.

❁ Crenças diversas

Não há dúvida de que os ensinamentos tântricos, como o *Kalachakra*, são muito famosos e exercem uma grande atração nas pessoas. No entanto, acredito pessoalmente que os ensinamentos budistas introdutórios e preliminares são mais eficazes e benéficos em nossa vida diária. Os ensinamentos tântricos são um tipo de prática muito complexa e difícil de realizar. Na realidade, os ensinamentos preliminares lidam com nossa experiência do dia-a-dia. Eles mostram o que deve ser feito e o que devemos reter em nossas mentes todos os dias e todas as noites, para sermos seguidores genuínos de *Buda*.

Gostaria de esclarecer algo logo no início. Acredito que, entre os seres humanos, existem diversas disposições mentais; portanto, no passado, em locais e épocas diferentes, desenvolveram-se muitas tradições espirituais distintas. Falando em termos gerais, se existir uma forma mais saudável, melhor ou mais segura de seguir sua religião ou ter fé religiosa, é melhor segui-la. Algumas pessoas mudam sua crença religiosa e, algumas vezes, acabam por criar mais confusão em suas mentes. Por conseguinte, para aquelas pessoas que não são tradicionalmente budistas, às vezes, sinto alguma relutância em explicar o *Buddadharma* (ensinamentos budistas).

É claro que, para os chineses, vietnamitas e, talvez, para outras pessoas que estão tradicionalmente mais ligadas ao budismo, não há qualquer problema. Gostaria de deixar claro que todas as principais tradições religiosas do mundo têm mais ou menos o mesmo potencial para ajudar e servir a humanidade e transformar as pessoas em seres mais bondosos. A variedade das religiões é necessária devido à variedade de disposições mentais. Creio que seja difícil aceitarmos o conceito de uma verdade ou de uma religião para a humanidade como um todo. É como tomar medicamentos. Por vezes, um determinado remédio é o único que pode curar uma determinada doença. Não podemos afirmar que esse medicamento seja o único que existe. No entanto, em circunstâncias específicas, para um doente em particular, esse remédio é o único que pode curar essa doença. De forma semelhante, para um indivíduo, e de acordo com sua disposição mental, essa religião é a única verdade.

O conceito de apenas uma religião existiu em tempos antigos em que as pessoas viviam isoladas, sem qualquer ligação com pessoas de outras tradições religiosas diferentes. Nessa altura, era perfeitamente apropriado ter apenas uma religião; de fato, penso que esse conceito aumentou sua fé. Portanto, nessa época, era muito bom.

Devemos respeitar todas as principais tradições religiosas do mundo.

Hoje em dia, as coisas mudaram muito e é bastante difícil colocar em prática a noção de uma verdade única ou de uma religião única. Devemos respeitar todas as principais tradições religiosas do mundo.

Dentre milhões de pessoas de áreas que não são tradicionalmente budistas, algumas podem considerar a prática budista mais adequada e eficaz. Nesse caso, elas têm o direito de adotar o budismo como sua religião pessoal, mas não é aconselhável que façam isso às pressas. Depois de ler um livro sobre budismo e achar que lhes parece bom, não devem imediatamente adotá-lo como sua religião. Esse tipo de comportamento não é bom.

Mudar de religião é uma decisão muito importante, portanto é essencial pensar cuidadosamente por algum tempo e esperar. Quando você estiver realmente convencido de que a nova tradição religiosa, como o budismo, é mais adequada e eficaz, pode adotá-la como sua nova religião.

Depois disso, é muito importante ter em mente que, devido à natureza humana, há a possibilidade ou o perigo de tornar-se crítico com relação à sua antiga religião, ou tradição, a fim de justificar sua nova decisão. Agora, devemos evitar esse tipo de coisa para poder promover a compreensão religiosa entre as diversas tradições. Em tal período, é prejudicial ter opiniões críticas sobre os outros. Em segundo lugar, a fim de mostrarmos respeito pelos pontos de vista e direitos dos outros e para praticarmos o espírito do pluralismo, devemos respeitar as outras tradições religiosas.

❂ Felicidade

Não nascemos neste mundo para trazer destruição e mal às outras pessoas, mas para viver uma vida mais significativa. Do ponto de vista budista, nesta vida, desde o começo da existência neste planeta, somos como turistas. Acredito que nossa permanência máxima não passe de cem anos! É apenas uma curta visita a este planeta, portanto acredito que devemos ser turistas sábios. Quando visitamos outros lugares no mundo, nós nos comportamos bem e nos divertimos ao máximo. Da mesma forma, quer gostemos ou não, creio que seja esse o sentido de nossa existência neste planeta, e não sermos destrutivos nem causarmos mal aos outros. Então, seja uma pessoa sensível e de bom coração. Isso é muito importante.

Todos nós queremos felicidade, e não sofrimento, mas nos deparamos com torrentes incessantes de sofrimento. Se tentarmos descobrir de onde provém esse sofrimento, perceberemos que ele vem de dentro de nós. As emoções aflitivas, interiores, que residem dentro de nossas mentes, são a verdadeira origem do problema ou sofrimento. Isso é muito perigoso para nós; destrói nossa felicidade. A causa não é o chamado inimigo externo. Se esse fosse o caso, poderíamos fugir dele, enganá-lo ou tomar algum tipo de medida defensiva contra ele. Poderíamos lidar com isso fisicamente. Na Antiguidade, construíam castelos! A meu ver, nos tempos modernos, eles são construídos com alicerces melhores.

De alguma forma, podemos lidar com o inimigo externo, porém, com o inimigo que reside dentro de nossas mentes, é mais difícil. Onde quer que vivamos, aonde quer que vamos, ele sempre estará lá. E é também muito difícil identificar essas emoções aflitivas, como raiva, ódio e apego. Quando surgem, parecem ser um amigo íntimo ou protetor, e assim nos enganam. O alvo ou objetivo de praticar os ensinamentos de *Buda* é, na verdade, o método ou mecanismo para combater nosso inimigo interno.

No budismo, o *Dharma* real é a libertação, um estado em que estamos livres das emoções aflitivas. Da mesma forma, o *Dharma* é também o verdadeiro caminho que nos leva a alcançar esse estado de libertação. O outro tipo de prática espiritual budista, que leva apenas à obtenção de um status superior ou a um renascimento superior, como o nascimento de um ser humano ou de um deus, não é o *Dharma* absoluto ou real.

❖ Motivação

Quaisquer que sejam nossas atividades, e sejam elas positivas ou negativas, muito depende de nossa motivação. Portanto, a fim de tornar nossas práticas um *Dharma* positivo, é extremamente importante, em primeiro lugar, cultivar atitudes mentais positivas. No Tibete, é devido a isso que temos a tradição de recitar o verso, que implica nos refugiar em *Buda*, no *Dharma* e na *Sangha*, e cultivar o altruísmo para alcançar a iluminação para o bem de todos os seres sencientes. Enquanto recitamos esse verso, é extremamente importante, tanto para o professor quanto para o aluno, cultivar a motivação certa e apropriada.

⚜ Alcançar uma felicidade de longo prazo

Todos os seres sencientes, inclusive os seres humanos, desejam felicidade, e não sofrimento. Esse desejo natural de ser feliz e evitar sofrer está totalmente correto. Na realidade, também está certo tentar obter a mais completa felicidade e colocar um fim em nosso sofrimento. Há vários níveis para atingirmos a felicidade e eliminarmos o sofrimento. Um deles é quando as pessoas tentam alcançar uma felicidade temporária e, no caminho, colocam fim ao sofrimento. Entretanto, é uma situação muito imponderada e, devido a isso, há uma grande probabilidade de gerar ainda mais sofrimento e problemas.

Temos problemas na família, na sociedade e nas nações. Se observarmos cuidadosamente, veremos que todos esses problemas são frutos de uma busca imponderada da felicidade. Nós nos concentramos demais em acumular riquezas ou superar os outros e não fazemos isso para nos infligir algo, mas sim para obter felicidade. Entretanto, devido a uma tentativa imponderada e uma conduta incorreta, em vez de obtermos felicidade, acumulamos ainda mais sofrimento. Por conseguinte, é extremamente importante seguir um caminho, ou uma vida, no qual alcançaremos tanto uma felicidade temporária quanto uma de longo prazo; felicidade para nós e para todos os seres sencientes. Mesmo que tenhamos de sacrificar uma felicidade temporária, se isso significar alcançar uma felicidade duradoura, é vantajoso seguir tal caminho.

... se não tivermos uma mente em paz e feliz, o sofrimento mental e a infelicidade não nos deixarão desfrutar do conforto físico.

Vivenciamos duas categorias de felicidade e sofrimento: a mental e a física. Das duas, é muito mais importante prestarmos atenção à condição mental do sofrimento e da felicidade do que à condição física do sofrimento e da felicidade. O que indica que a condição mental é mais importante do que a física é que, mesmo quando vivenciamos certo desconforto ou sofrimento físico, desde que nossa mente esteja em paz, calma, tranqüila e estável, conseguimos lidar eficazmente com esse sofrimento físico. Por outro lado, quando temos muito conforto físico e usufruímos de um ambiente agradável e de tudo aquilo que nos rodeia, se não tivermos paz e felicidade em nossa mente, essa experiência predominante de sofrimento ou infelicidade mental não nos permitirá desfrutar desse conforto físico. Isso esclarece a importância da condição mental ante a física.

Se nossa condição temporária de felicidade e sofrimento e a permanente entrarem em choque, é extremamente importante prestar atenção à permanente. Se tivermos que sacrificar uma determinada felicidade temporária a fim de alcançar uma felicidade de longo prazo, é vantajoso fazer isso. Mesmo que gozemos de uma felicidade temporária, se ela nos levar ao sofrimento, é mais vantajoso eliminá-la em busca da felicidade de longo prazo.

No entanto, o ideal é ter uma felicidade temporária e também de longo prazo simultaneamente! Por outro lado, se algo parecer muito bom em longo prazo, mas difícil em curto prazo, temos que nos sujeitar às dificuldades temporárias a fim de garantir o benefício de longo prazo.

Buscar refúgio nas Três Jóias

Todas as tradições religiosas mais importantes do mundo falam de um objeto de refúgio. Ao confiarem nesse objeto de refúgio e se entregarem a ele, os discípulos seguem um caminho sistemático. É uma tendência natural dos seres sencientes, inclusive dos menores insetos, buscar refúgio diante de algo assustador.

Baseado na tendência natural de querer felicidade e evitar sofrimento, o ser humano tenta fazer o possível para obter o máximo de felicidade e eliminar o sofrimento. Contudo, a capacidade humana é limitada. Quando atinge seu limite, volta-se a um objeto de refúgio transcendente.

Aqui, falamos sobre o processo de buscar refúgio conforme o ensinamento de *Buda*. Historicamente, *Buda* Shakyamuni foi, no início, príncipe Siddhartha e, depois, atingiu a iluminação através de práticas espirituais e purificação. Devido à sua mente iluminada e energia e também pela maneira de se expressar aos outros, as pessoas começaram a buscar refúgio em *Buda*. De acordo com a própria experiência de *Buda* e o caminho que percorreu, ele ensinou a seus discípulos o processo de disciplinar e purificar a mente, o corpo e a fala. A partir disso, surgiram os seguidores de *Buda*, que são o objeto de refúgio chamado *Sangha*.

Tanto *Buda* quanto *Sangha* se tornaram objetos de refúgio e fé em virtude de certa qualidade interior de disciplina. Essa qualidade interior se chama *Dharma*, que é o estágio de eliminação das emoções aflitivas e de interrupção do estado negativo da mente. O *Dharma* é o verdadeiro objeto de refúgio. É chamado dessa maneira porque os que conseguiram eliminar as emoções aflitivas estão completamente livres de sofrimento e medo.

Nem *Buda* nem *Sangha* foram objetos de refúgio no estágio inicial. No princípio, *Buda* não era um ser iluminado. Tanto *Buda* quanto *Sangha* eram seres comuns como nós, com desilusões e emoções aflitivas. Ao seguirem o caminho e purificarem sua mente, tornaram-se iluminados.

Atingir a iluminação significa atingir um estado de purificação total das emoções negativas da mente.

Na verdade, *Buda* nos ensinou com sua experiência de vida. Ele tornou-se iluminado em *Bodhgaya*, na Índia. O que queremos dizer com atingir a iluminação? Alcançar a iluminação significa alcançar um estado de purificação total das emoções negativas na mente. Esse processo é obtido por meio do cultivo de práticas e qualidades positivas – isto é, o cultivo da tolerância tranqüila e de uma visão especial. Isso significa praticar a meditação voltada para um ponto apenas e ver a realidade como ela realmente é por meio dessa visão ou da sabedoria. Como é que *Buda* chegou a essa prática?

Buda começou a cultivar uma tolerância tranqüila e uma visão especial baseado em suas quatro grandes visões: os sofrimentos da velhice, da doença e da morte e também um monge que parecia estar em plena paz e felicidade. *Buda* foi sábio o suficiente para encontrar as causas dos sofrimentos da velhice, da doença e da morte. Ele descobriu que todos esses problemas fazem parte do caminho de nossa existência cíclica.

A pergunta é: como esse caminho veio a existir? O caminho é o resultado de causas e condições negativas. A causa, na verdade, é o iludido estado da mente que, fundamentalmente, se baseia na ignorância. Ele descobriu que a única maneira de acabar com a ignorância é cultivando sabedoria. É possível ver a realidade e cultivar sabedoria se formos capazes de cultivar uma única meditação forte. Foi assim que *Buda* tornou-se iluminado.

Um grande erudito indiano mencionou, em um de seus textos, que *Buda*, *Dharma* e *Sangha* são objetos de refúgio para os que desejam a libertação total da existência cíclica. Por essa razão, em primeiro lugar, é extremamente importante investigar como *Buda*, *Dharma* e *Sangha* se tornaram objetos infalíveis de refúgio. Para isso, precisamos entender bem as Quatro Nobres Verdades.

Quando falamos de *Buda*, do *Dharma* e da *Sangha* como objetos máximos de refúgio, como já expliquei, o verdadeiro objeto de refúgio é o *Dharma*. A razão é simples: descobrimos se uma pessoa é ou não iluminada pelo ensinamento proferido por ela. Se esse ensinamento for correto, seguro e infalível, o professor ou o *Buda* pode ser considerado um ser iluminado. Mas, se o ensinamento for incorreto ou falso, o professor não pode ser considerado infalível, nem correto, nem válido, nem digno de confiança.

O próprio *Buda* ensinou que todas as pessoas sábias deveriam avaliar seu ensinamento do mesmo modo que um ourives avalia ouro, colocando-o no fogo, esfregando-o e cortando-o. Da mesma forma, ele pediu que seus discípulos avaliassem seu ensinamento, e não simplesmente o seguissem por puro respeito. Devido a isso, entre os seguidores de *Buda* estavam eminentes eruditos, como Arya Nagarjuna, Aryadeva e muitos outros, que, ao seguirem o ensinamento de *Buda*, investigaram e vivenciaram cuidadosamente as próprias experiências. Baseados em seus experimentos e investigações, compuseram textos e ensinamentos maravilhosos. Essa é uma espécie de circunstância esclarecedora que nos ajuda a seguir o caminho do raciocínio e da lógica.

Muitos dos seguidores de *Buda* alcançaram aquilo que chamamos de "estado de *Arhat*", estado em que todas as suas emoções aflitivas são completamente destruídas, um estado que o *Buda* atingiu. É importante investigarmos se há ou não uma diferença entre o estado de *Arhat* alcançado pelos discípulos e o alcançado por *Buda*. Se encontrarmos uma diferença ou superioridade, devemos investigar como essa diferença surgiu e as diversas técnicas ou métodos que eles seguiram. Segundo fatos históricos, *Buda* era um ser humano comum como nós. Ao seguir um caminho de prática e purificação espiritual, finalmente tornou-se iluminado em *Bodhgaya*.

Agora, façamos alguns experimentos com nossas próprias experiências, muito limitadas e pouco importantes. Se refletirmos e meditarmos com sinceridade sobre compaixão, generosidade e visão profunda da realidade (ou vazio), conseguiremos obter alguma energia ou sentimento positivo. Quando fazemos um esforço constante para transformar nosso comportamento mental, principalmente através da prática do altruísmo, devemos investigar por que precisamos de altruísmo. O que ganhamos com a prática do altruísmo? Como ela pode nos transformar? Segundo o ensinamento de Nagarjuna, quando investigamos e meditamos sobre isso, há definitivamente um efeito. O altruísmo pode mudar completamente nosso comportamento com relação a nós e aos outros. Baseados nessa prática e nessa meditação verdadeira, obtemos um sentimento positivo; uma sensação de bem-estar, segurança e realização. Se até nós, seres comuns, através de uma prática curta e limitada, conseguimos obter um sentimento de energia positiva ou de realização, podemos deduzir que a possibilidade de os professores, que já seguem a prática espiritual há muito tempo, obterem uma realização ainda maior é muito grande.

O importante é o envolvimento pessoal em uma prática sincera e verdadeira. Com base nessa prática, seremos capazes de ter novas idéias sobre a própria prática, de sentir seu sabor e de ganhar alguma experiência. Essa experiência nos dará confiança na validade ou na perfeição dos ensinamentos do lama. Assim, seremos capazes de perceber que os tratados de *Buda* ou os comentários de seus seguidores são válidos e, com isso, perceberemos também que os ensinamentos *Mahayana* que o *Buda* nos legou são ensinamentos válidos.

Para voltar ao ponto de partida, o *Buda*, o *Dharma* e a *Sangha* são os objetos de refúgio para aqueles que desejam a libertação. Isso significa que, dependendo do *Buda*, do *Dharma* e da *Sangha*, seremos capazes de alcançar esse estado de libertação ou de cessação total das emoções aflitivas. O processo de refugiar-se no *Dharma*, na verdade, significa que devemos cultivar o estado de *Dharma* dentro de nós, para que ele possa nos proteger.

Refugiar-se no *Dharma* envolve dois processos. Um deles é o verdadeiro caminho que temos que cultivar e que leva à cessação das emoções aflitivas. Seguindo por esse caminho, ficaremos livres do medo e do sofrimento. Aquele estado de verdadeira cessação também é chamado de Dharma porque é um estado em que não temos temor ou medo. Por meio de um processo em que realmente cultivamos esses caminhos positivos e os verdadeiros estados de cessação das emoções aflitivas, ficamos protegidos. Não há outra forma de nos protegermos.

... somos nossos próprios mestres, e tudo depende de nós. Se não nos comportamos bem, ninguém pode nos salvar nem nos proteger. Basicamente, tudo depende de nosso coração.

A conclusão é que, basicamente, os budistas acreditam em um tipo de autocriação. Portanto, em última instância, somos nossos próprios mestres, e tudo depende de nós. Se não nos comportamos bem, ninguém pode nos salvar nem nos proteger. Basicamente, tudo depende de nosso coração.

No budismo, de um modo geral, e particularmente na tradição budista *Mahayana*, é extremamente importante analisar, investigar e pôr os ensinamentos à prova. Por meio de experimentação e investigação, se descobrirmos que o ensinamento é lógico e sensato, devemos aceitá-lo. E, se não acharmos que é lógico e sensato, devemos categorizá-lo como um ensinamento de nível interpretativo.

Ao mesmo tempo, é também extremamente importante compreender que há um nível de fenômenos chamados "fenômenos totalmente ocultos". Esses fenômenos podem ser completamente obscuros em virtude de sua natureza sutil e também do nível limitado de evolução de nossa mente. Naquele momento determinado, podemos não ser capazes de definir isso com a razão e a lógica. Mas não ser capaz de provar um fato não significa que ele não exista. Nesse caso, temos de adotar alguma outra técnica ou processo para descobrir a verdade desses fenômenos ocultos.

❁

PERGUNTA · Quem deve receber as iniciações tântricas?

DALAI LAMA · A qualificação mínima necessária para que uma pessoa receba as iniciações é que tenha alguma compreensão, ou pelo menos alguma apreciação, da atitude altruísta necessária para que se alcance a budeidade em benefício de todos os seres sencientes. A menos que tenhamos alguma apreciação ou compreensão da bodhicitta, ou intenção altruísta de alcançar o Estado de *Buda* em benefício de todos os seres sencientes, nos será impossível cultivar a atitude pura. Isso é extremamente importante na prática tântrica, em que é preciso fazer cessar a aparência de normalidade e começar a ver tudo de uma maneira purificada. E a compreensão ou apreciação da última realidade ou do vazio é fundamental, sobretudo na prática tântrica.

A prática do budismo tântrico envolve nossa transformação em uma divindade, e isso só é possível se formos capazes de absorver essa transformação da normalidade em um estado de realidade absoluta ou de vazio. Portanto, a menos que tenhamos alguma compreensão ou apreciação da realidade absoluta ou do vazio, será impossível meditar ou cultivar o propósito.

PERGUNTA · E se eu achar que praticar duas correntes do budismo Mahayana me é igualmente benéfico? Se achar que elas se complementam mutuamente, posso praticar as duas?

DALAI LAMA · O budismo que floresceu no Tibete incluía todos os ensinamentos do *Buda*, inclusive os ensinamentos Theravadan, os *Mahayana* e os tântricos. E, é claro, no *Mahayana*, há tanto a prática do Sutrayana quanto do Tantrayana.

Em termos da prática, só devemos começar com os níveis mais altos do ensino quando já tivermos obtido uma boa compreensão dos níveis mais baixos ou praticado bastante esses níveis. Em suma, todos esses vários níveis dos ensinamentos devem ser praticados pelos indivíduos.

Quanto aos princípios filosóficos, embora pratiquemos todos os quatro princípios filosóficos budistas, isto é, Vaibashika, Sautantrika, Cittamatra e Madhyamika, quase sempre estudamos ou damos mais ênfase à prática da Escola Só da Mente e da Escola Madhyamika. Isso mostra claramente que devemos ter uma compreensão de todas essas escolas filosóficas inferiores. Também no Tibete, com relação ao período de tradução dos ensinamentos do Buda e dos grandes mestres budistas dos vários períodos, gradativamente chegamos a ter aquilo que chamamos de quatro escolas da tradição tibetana do budismo. São elas: Sakya, Nyingma, Kagyu e Gelugpa. Todas pertencem à tradição Mahayana e praticam a tradição tântrica. Portanto, como todas elas aceitam o ponto de vista filosófico *Madhyamika*, é extremamente importante que cada indivíduo pratique as quatro escolas de pensamento sem adotar uma atitude sectária. Com isso, podemos receber vários comentários e iniciações pertencentes a todas essas quatro escolas de pensamento.

Pergunta · Que benefícios o senhor acha que o budismo pode trazer para a Austrália?

Dalai Lama · Eu não sei! É claro que, de modo geral, o budismo pode contribuir para a paz de espírito das pessoas e, assim, a sociedade pode se transformar e se tornar mais pacífica e harmoniosa. O budismo pode contribuir dessa maneira. Há também australianos originários da China ou do Vietnã, que são tradicionalmente budistas, então, para eles, é útil ouvir os ensinamentos de *Buda*.

Pergunta · O senhor falou de nossa busca pelo transcendental. O senhor pode, por favor, explicar ou falar um pouco mais sobre a natureza da mente transcendental budista? Esse *Buda* em que nos refugiamos é uma entidade da consciência ou da consciência superior? Ele está fora de nossa mente ou é algo interno?

Dalai Lama · Quando falamos sobre a mente ou sobre a consciência, dizemos que ela tem duas propriedades, duas qualidades: clareza e percepção, ou conhecimento e conhecimento do objeto. Essas duas propriedades da mente estão lá desde o começo como uma espécie de qualidade inata, com a qual nascemos. E não precisam ser cultivadas através de um esforço novo.

Ainda assim, não somos capazes de perceber ou conhecer certos objetos em virtude de obstáculos, obstruções ou por falta de outras causas e condições favoráveis. À medida que vamos acumulando essas causas e condições favoráveis e removendo as obstruções e os obstáculos, gradativamente o poder cognitivo da mente – a mente sendo capaz de conhecer o objeto, aquele aspecto da clareza – vai ficando mais forte. Por meio desse processo, gradativamente alcançamos o estado de iluminação da mente. As contaminações que temos no interior de nossa mente são temporárias; por natureza, a mente tem capacidade para perceber ou conhecer o objeto.

❋ AS QUATRO NOBRES VERDADES

Quando dizemos que quem vê o despertar dependente vê o Dharma, isso significa ganhar a convicção de que, se fazemos algo bom, temos bons resultados e, se fazemos algo ruim, temos maus resultados. Quando conseguimos perceber essa ligação infalível entre as causas e condições, somos capazes de ver o *Dharma*.

Para eliminarmos o sofrimento, é muitíssimo importante identificar, em primeiro lugar, o sofrimento do sofrimento: o sofrimento como algo indesejável ou desagradável. Quando percebemos a verdadeira natureza do sofrimento e ficamos enojados com ela, é natural procurarmos a causa desse sofrimento.

O sofrimento é abordado nas Quatro Nobres Verdades: em primeiro lugar, a verdade de que o sofrimento existe; em segundo, a causa ou origem do sofrimento. O próximo passo é fazer uma investigação para tentar descobrir se as causas do sofrimento podem ser eliminadas. Através dessa pesquisa e averiguação, ao descobrirmos que as causas do sofrimento podem ser eliminadas e que é possível alcançar um estado de cessação total do sofrimento, desejamos atualizar ou alcançar esse estado de cessação ou libertação do sofrimento.

A Terceira Nobre Verdade, a da extinção, é abordada neste nível. Ao vermos o benefício de alcançar a extinção, naturalmente procuramos o caminho que nos leva a isso. O caminho que conduz à extinção do sofrimento é abordado no quarto nível.

Através da reflexão, é extremamente importante adquirir uma boa compreensão sobre a possibilidade de alcançar tal extinção de sofrimento. A não ser que haja a possibilidade de eliminar o sofrimento e um caminho que conduza à sua extinção, não faz sentido refletir ou meditar sobre o sofrimento e sua causa.

Algumas pessoas acham que o budismo é uma religião muito pessimista, sempre nos dizendo para refletir sobre tudo o que envolve sofrimento. Isso pode até ser verdade, se não soubermos que há a possibilidade de alcançar a verdadeira extinção do sofrimento, assim como um caminho que nos conduz até lá.

Certas pessoas nos perguntam por que devemos pensar e falar sobre sofrimento. Elas dizem que este mundo é muito bonito e que, se vivemos em um mundo bonito e feliz, por que devemos pensar e meditar sobre sofrimento? O único problema de pensar assim é que jamais alcançaremos a libertação. A fim de atingir o grau mais alto de felicidade e paz de libertação, vale a pena meditar sobre o sofrimento e passar voluntariamente por algum tipo de privação.

Vamos usar o exemplo de nossa vida cotidiana. Para adquirir certa quantidade de riqueza, paz e felicidade mais tarde em nossa vida, trabalhamos duro no começo da vida. Trabalhamos tanto que até nos esquecemos de dormir e comer. Fazemos isso devido ao nosso objetivo de alcançar uma felicidade duradoura mais tarde.

Quando praticamos o budismo a fim de alcançar o estado superior da felicidade de libertação ou iluminação, vale muito a pena passar por algumas dificuldades temporárias. Para desfrutar de certa tranqüilidade, relaxamento e felicidade mais tarde na vida, nós estamos prontos para sacrificar certos momentos de relaxamento ou de paz, temporariamente.

Quando falamos em meditar sobre o sofrimento verdadeiro, estamos nos referindo à natureza básica de nossa realidade e existência. Nosso estado atual na existência cíclica da vida está muito dominado por ações e ilusões contaminadas. Esse tipo de experiência se chama sofrimento. Então, quando falamos em meditar sobre o sofrimento, temos que meditar sobre a natureza básica de nossa existência psicofísica.

Para explicar um pouco mais a natureza do sofrimento, é preciso dizer que temos primeiro aquilo que chamamos de sofrimento do sofrimento. Isso não se refere necessária e unicamente ao sentimento, mas ao estado em que encontramos inúmeros sofrimentos durante a existência cíclica. São as categorias de sofrimento que normalmente identificamos e reconhecemos como sofrimento.

Há também o segundo nível de sofrimento, chamado de sofrimento da mudança. Nesse nível, vivenciamos o sofrimento ao fazer certas atividades que acreditamos nos trazer felicidade, paz e muito mais. Até podemos sentir uma paz e felicidade temporárias, mas, se nos dedicarmos e confiarmos nesse estado de paz e felicidade por mais tempo, ele começa a diminuir e, gradativamente, transforma-se em sofrimento.

A terceira categoria de sofrimento é chamada de sofrimento composto difuso. Esse tipo de sofrimento ocorre quando há algo errado com a natureza de nossa existência psicofísica. Todos nós sabemos que teremos que nos deparar com o sofrimento da velhice, da doença, da morte e do nascimento. Na realidade, certas pessoas nem querem ouvir a palavra "morte". Isso indica claramente que esses são os sofrimentos que nós não queremos. Em resumo, nossa vida começa com sofrimento, o sofrimento do nascimento, e depois termina com sofrimento, o sofrimento da morte. Entre esses dois sofrimentos, também há os sofrimentos da velhice, da doença, de nos depararmos com coisas que não queremos ou que queremos. Aqui, encontramos inúmeros sofrimentos.

Encontramos todos esses sofrimentos porque fazemos parte da existência cíclica. Nossa existência, no momento do nascimento, é sofrimento, pois não somos fruto da compaixão. Nascemos dentro da existência cíclica, impulsionados ou projetados pela poderosa força de nossas ações e desilusões contaminadas. É por isso que nos deparamos com sofrimento. A lei da natureza diz que tudo o que é causado por forças e condições se desintegra e chega ao fim.

A VERDADEIRA NATUREZA DA REALIDADE

Todos nós desejamos ser felizes, e ninguém quer sofrer. Isso é uma espécie de qualidade inata que temos dentro de nós. Mas, se refletirmos cuidadosamente, veremos que, embora queiramos a felicidade, normalmente temos um tipo de vida ou pensamentos que estimulam um acúmulo de atividades negativas, que eventualmente provocam sofrimento. E, embora não queiramos sofrimento, temos a tendência de correr atrás do sofrimento. Em outras palavras, temos uma propensão para fazer sempre aquilo que não deveria ser feito e não fazemos aquilo que, sim, deveria ser feito. Portanto, nossa forma de viver é incorreta. Se refletirmos cuidadosamente sobre isso, descobriremos que a causa desse modo negativo de viver e desse envolvimento com as ações e pensamentos errados é a ignorância.

É claro que pode haver inúmeros níveis e variedades de ignorância. Mas aqui estamos falando sobre a ignorância ou confusão fundamental que, na verdade, é um estado errôneo de consciência. É um estado de consciência sem uma base válida, que é insensato e errôneo e acredita que as coisas têm uma existência independente ou inerente. É em virtude dessa ignorância fundamental que nos deparamos com todas as negatividades da vida.

Há níveis mais flagrantes e níveis mais sutis de ignorância. Com efeito, ignorância significa estar em um estado mental que não entende corretamente o que é a verdade e capta mal essa verdade. Ela aceita como sendo verdade o oposto da realidade suprema. Essa é sua natureza.

Quando damos uma definição geral da ignorância, podemos dizer que a ignorância é um estado mental em que somos incapazes de distinguir entre aquilo que deve ser posto em prática e aquilo que deve ser abandonado. Essa explicação geral do significado da ignorância é aceita por todos os quatro princípios filosóficos budistas.

Mas, se dermos uma explicação mais profunda da ignorância, ao dizer que ela é um estado mental incapaz de compreender corretamente a natureza da realidade suprema, as explicações serão diferentes nas quatro correntes de pensamento budistas, porque essas correntes têm interpretações distintas daquilo que significa realidade suprema.

Se explicarmos o significado de ignorância de acordo com a escola superior do pensamento, que é a Prasangika-Madhyamika ou Escola do Caminho do Meio, a ignorância, na verdade, refere-se àquele estado mental que, erroneamente, considera que todos os fenômenos têm uma existência independente ou inerente, ou existência por conta própria. Esse estado mental é ignorante, porque a natureza suprema de todos os fenômenos é que eles têm uma natureza dependente e relativa.

Portanto, quando falamos de ignorância, é extremamente importante entender e perceber que, na verdade, eliminar essa ignorância significa ter um entendimento mais profundo de nós e de todos os fenômenos. Em virtude dessa ignorância, temos a tendência de nos considerarmos totalmente independentes, como se existíssemos por conta própria. Com base nessa compreensão sólida do *"eu"*, cultivamos um forte apego a nós, e essa visão da mente ignorante nos traz problemas e dificuldades.

É importante aqui estabelecer a diferenciação: quando falamos no problema de cultivar um forte apego a nós, não significa que devemos nos ignorar. Não há nada de errado em cuidarmos de nós, em nos amarmos e em mostrarmos compaixão conosco. Nossa objeção diz respeito ao cultivo de um forte apego baseado na ignorância. Isso porque, quando temos esse forte apego a nós e cultivamos essa ligação, começamos a nos ver como a coisa mais importante e a achar que não precisamos nos importar com os outros seres sencientes.

Na verdade, há um texto que diz claramente que, quando temos esse firme apego a nós, criamos uma fronteira ou uma demarcação que nos leva a pensar: "Este é o meu lado, e aqueles são os lados das outras pessoas." No momento em que fazemos essa demarcação, cultivamos uma ligação com aqueles que estão próximos a nós, com aqueles que amamos, e cultivamos ódio e cólera em relação àqueles que categorizamos como pertencentes a outros grupos. Isso provoca o aparecimento de muitas emoções aflitivas que, então, cultivam novas ações contaminadas ou carma negativo. E é dessa forma que vagamos sem rumo pela existência cíclica.

Se formos capazes de perceber que a ignorância é a raiz de todos esses problemas, poderemos ver a importância de nos livrarmos desse estado mental deturpado e ignorante. Enquanto estivermos sob o poder e controle desse estado mental ignorante, não teremos nenhuma oportunidade de alcançar qualquer tipo de paz e felicidade duradouras.

É importante compreender que os inimigos não estão no mundo externo. O verdadeiro inimigo, o inimigo declarado, é a ignorância...

Como praticantes do budismo, é fundamental para nós compreendermos que essa condição ou estado da existência está na existência cíclica. É aquilo que é conhecido como sofrimento composto difuso. É extremamente importante que nós percebamos e nos convençamos de que, enquanto tivermos essa ignorância residindo tranqüilamente em nossa mente, nunca teremos a oportunidade de alcançar a libertação e um estado permanente de felicidade. É importante compreender que os inimigos não estão no mundo externo. O verdadeiro inimigo, o inimigo declarado, é a ignorância, que precisamos combater e da qual precisamos nos livrar, se realmente quisermos pôr um fim à existência cíclica e ao sofrimento.

Essa ignorância nos trouxe muitos problemas em nossas vidas passadas. E hoje nos deparamos com inúmeros sofrimentos em virtude dessa ignorância que reside tranqüilamente em nossa mente. Se continuarmos com esse tipo de vida, não há dúvida de que, em nossas vidas futuras, também iremos encontrar o sofrimento constante.

No momento em que a ignorância predominante for destronada e vencermos o inimigo interno, encontraremos a salvação. Se refletirmos cuidadosamente dessa maneira, seremos capazes de compreender como essas emoções aflitivas são destrutivas, negativas e terríveis e nos convencer disso.

Há inúmeros tipos de emoções aflitivas, mas podemos resumir as principais de duas maneiras. Por um lado, temos o apego, que surge basicamente devido à nossa forma errônea de olhar as coisas. Em virtude de nossa concepção errônea, muitas vezes vemos em alguma coisa atributos a mais, ou seja, vemos além do que ela representa. Temos a tendência de achar que um objeto é 100% atraente, interessante e agradável e, com base nisso, cultivamos um apego negativo muito forte.

No caso de algo que não queremos, temos a tendência de achar que o objeto é totalmente repugnante e terrível. Não conseguimos ver nenhum ponto positivo ou bom naquele objeto e tentamos nos distanciar dele. Em virtude dessa atitude mental, cultivamos o ódio e a ira, que representam a segunda emoção aflitiva principal.

Há uma clara indicação de como essas concepções negativas errôneas distanciam o objeto da realidade e como, com base nessas concepções, cultivamos o apego e a cólera. Quando cultivamos o apego por um objeto, tendemos a não ver nenhum defeito ou falha nele. Mas, assim que acontece uma mudança de circunstância ou de situação e descobrimos alguma falha naquele objeto específico, subitamente toda a nossa atitude se altera e passamos a vê-lo como algo negativo, horrível e maléfico.

Isso indica claramente que aquilo que consideramos 100% positivo e aquilo que consideramos 100% negativo não são realidades objetivas, mas fabricação mental. Se fosse realidade, em todas as situações e circunstâncias, aquele objeto seria 100% negativo ou 100% positivo. Mas não é isso o que ocorre. Ele se modifica em virtude de uma mudança em nossa atitude mental, que tem como base um exagero de nossa mente em relação àquele objeto específico.

É essencial lembrar-se de que, quando se trata do cultivo ou da vivência de qualidades positivas, tais como a bondade, a compaixão, o altruísmo e assim por diante, essas qualidades devem, é claro, ser analisadas pelo pensamento intelectual; quando, por meio desse processo, obtemos algum sentimento em um nível emocional, naquele momento devemos vivenciar esse sentimento e deixar que permaneça nesse nível emocional. Não devemos nos envolver em qualquer outro exercício intelectual. Mas, quando se trata do surgimento de emoções aflitivas negativas, não devemos lhes dar a oportunidade de impor-se em um nível emocional. Ao contrário, devemos tentar distinguir e avaliar as diferentes naturezas dessas emoções aflitivas por meio da inteligência discriminatória.

Em outras palavras, acho que devemos tentar investigar as coisas negativas de uma maneira mais objetiva, sem uma sensação de envolvimento. Já no caso das coisas positivas, devemos fazer uma investigação ampla não só objetivamente, mas também com uma sensação de envolvimento. Acredito que isso possa ser feito. Em um nível intelectual, faça uma distinção clara do tipo "isso é prejudicial, isso é mau", e depois tome contramedidas em relação a essas coisas, mas sem emoções negativas. No caso das coisas positivas, precisamos de distinção intelectual, assim como de uma sensação de envolvimento. Se nos mantivermos puramente objetivos com as coisas positivas, ficaremos sem sentimentos – frios como um computador. E isso não é bom.

Além das emoções aflitivas básicas de apego e de ódio que predominam, há também muitas outras emoções aflitivas que são estimuladas por estados mentais negativos, como o ciúme, a cobiça e assim por diante.

É importante distinguir o significado do termo "desejo", porque ele pode ter uma conotação tanto positiva quanto negativa. Por exemplo, certos textos explicam que o desejo e a ânsia são as emoções negativas que nos prendem à existência cíclica.

Esses textos explicam que o desejo é um sentimento do qual devemos nos livrar. Mas, ao mesmo tempo, é importante entender que nem todos os desejos são negativos. Existem desejos positivos e também desejos negativos. Os desejos que nos atam à existência cíclica são emoções aflitivas negativas; eles são algo que não queremos, algo de que devemos abrir mão.

Mas existem também desejos positivos, como o desejo de alcançar o Estado de *Buda* e o desejo de cultivar a bodhicitta ou o altruísmo em nossas mentes. Esses desejos positivos devem ser cultivados. Portanto, é importante distinguir os vários níveis de desejo.

No caso da ira, também podem existir duas categorias. Uma é a ira motivada por uma atitude de compaixão, uma mente que deseja beneficiar outros seres sencientes. E há a ira que é motivada por um desejo de prejudicar outros seres sencientes.

No caso da dúvida, também podem existir duas categorias. Uma é aquela que chamamos de dúvida aflitiva, que é uma emoção aflitiva negativa e algo que não devemos cultivar. Mas há também um tipo positivo de dúvida que é útil. Isso ocorre muito comumente no budismo, quando falamos sobre seguir um ensinamento baseado na razão e na lógica. Essa razão e essa lógica poderiam ser cultivadas mantendo-nos céticos a princípio, sem chegar a uma conclusão apressada que desconsidere a razão e a lógica. No Abhisamayalamkata (Ornamento da Realização), texto de *Maitreya*, fala-se da existência de dois tipos de seguidores daquele texto: o discípulo embotado e o discípulo afiado. Os discípulos embotados são aqueles que apenas seguem um texto específico por devoção. A segunda categoria de seguidores são estudantes com faculdade mental aguçada. Estes últimos não seguiriam aquele ensinamento particular por devoção; eles o examinariam primeiro, com certo ceticismo e dúvidas sobre sua autenticidade. Após estudos, reflexão e meditação, e somente à medida que passassem a achar que o ensinamento era sensato e lógico, eles o seguiriam. Portanto, naquele texto específico, o processo de cultivar a fé baseada na razão e na lógica é altamente valorizado. É extremamente importante ter esse tipo de dúvida positiva.

No caso do cultivo da fé, pode existir uma fé claramente definida, mas que é resultado de exames, estudos, meditações e reflexões detalhadas. Esse tipo de fé claramente definida é extremamente benéfico na prática budista. No entanto, poderia haver outro tipo de fé claramente definida que nascesse completamente da devoção, e não do estudo, do raciocínio lógico e de outras coisas desse gênero. Essa fé poderia ser muito perigosa, porque o discípulo estaria sendo orientado para vários níveis de ensino diferentes, sem entender aquilo que estaria seguindo. Isso pode ser muito arriscado para o próprio praticante.

Mesmo no caso de uma emoção aflitiva muito forte, como o ódio, pode haver duas categorias. É claro, se sentimos ódio de outros seres sencientes, isso é totalmente negativo e inapropriado. É sempre negativo. Mas por que não podemos ter ódio de nossas emoções aflitivas?

No caso de sentimentos de egoísmo, mais uma vez pode haver duas categorias. Uma é o tipo de egoísmo negativo que nos leva a achar que somos superiores e maravilhosos; em virtude desse forte sentido negativo do "eu", estamos inclinados a ignorar completamente o bem-estar e a felicidade de outros seres sencientes. Esse egoísmo ou sentimento egoísta negativo é errado e deve ser abandonado.

Mas pode haver outro egoísmo ou sentimento egoísta que é positivo. Por exemplo, podemos achar que, como nascemos como seres humanos, temos capacidade e inteligência. Podemos praticar o *Dharma*. Podemos ajudar outros seres sencientes a alcançar o Estado de *Buda*. Trabalharemos muito para libertar todos os seres sencientes e para eliminar seus sofrimentos. Esse forte egoísmo positivo é extremamente útil na prática.

Portanto, no termo "emoção", estão incluídos tantos níveis diferentes que devemos ter cuidado para distingui-los. Uma atitude ou emoção mental pode ser inapropriada e negativa em certas situações e apropriada e útil em outras.

Tomemos como exemplo a decisão voltada para a libertação da existência cíclica. Nesse caso, o desejo claramente definido de alcançar a libertação é perfeitamente adequado para uma pessoa cuja capacidade é suficiente apenas para alcançar a sua libertação, e não para atingir práticas espirituais superiores, como o cultivo do altruísmo e o alcance da iluminação em benefício de todos os seres sencientes.

No entanto, um desejo claramente definido de somente alcançar a própria libertação é inapropriado para uma pessoa que tem a capacidade superior para praticar o cultivo do altruísmo, a fim de alcançar a iluminação em benefício de todos os seres sencientes. Como o cultivo do altruísmo é mais benéfico e mais profundo, é uma prática mais útil do que o mero alcance da libertação própria.

❋ Carma

Sobre nossas emoções aflitivas, acumulamos uma grande quantidade de ações contaminadas ou carma. Existe também uma enorme variedade de carmas. Basicamente, o termo "carma" ou "ação" pode ser relacionado ao processo natural da lei dos fenômenos, a lei da causalidade. Mas aqui, quando falamos de carma, estamos nos referindo a uma ação específica acumulada pelos seres sencientes, que afeta a experiência de felicidade e de sofrimento de outros seres sencientes com base em certa motivação.

Do ponto de vista budista, se uma prática específica se torna um forte reforço na remoção das emoções aflitivas negativas, ela pode ser chamada de prática genuína. Por outro lado, aquelas práticas que não atuam como reforço ou não combatem as emoções aflitivas negativas não são o verdadeiro *Dharma* ou prática genuína.

Portanto, o que consideramos um *Dharma* bom e verdadeiro está relacionado com o fato de essa prática ser ou não um auxílio para a eliminação das emoções aflitivas. A fim de combatermos e eliminarmos as emoções aflitivas ou ilusões, assim como opor-nos a elas, é extremamente importante identificarmos, primeiramente, a natureza, as características, e a capacidade destrutiva daquelas emoções aflitivas. A menos que possamos identificar essas características, não será possível opor-nos a elas ou combatê-las. O mesmo ocorre na vida cotidiana: para combater um inimigo, é essencial, em primeiro lugar, identificar sua força, poder e localização. Só depois da identificação dessas características podemos nos preparar para combater aquele inimigo.

Como já discutimos, essas emoções aflitivas surgem em conjunção com nossa mente básica, na forma de vários níveis de fatores mentais. É claro, há inúmeras variedades de emoções aflitivas negativas, portanto é fundamental identificar primeiro todas as suas naturezas e variedades. É também extremamente importante estar sempre alerta e consciente – o que significa saber quando essas emoções aflitivas surgem e qual a sua capacidade destrutiva, para não lhes dar a oportunidade de nos controlar.

A importância de não dar ocasião para que as emoções aflitivas apareçam está relacionada com a idéia de que seremos incapazes de nos controlar se elas realmente surgirem e sobrepujarem nossa mente. Sob a influência dessas emoções aflitivas, expressamo-nos negativamente de uma maneira física, verbal ou mental, e isso leva ao acúmulo de um carma ou a ações fortemente negativas e contaminadas.

Chamamos de virtuosas as ações que, quando concretizadas por nós, têm como resultado a felicidade.

Em termos de carma ou ação, podemos falar principalmente de ação virtuosa e de ação não-virtuosa. A ação virtuosa refere-se àqueles níveis positivos de ação que, quando realizados por nós, trazem paz e felicidade duradouras. Ações não-virtuosas são aquelas que resultam em sofrimento e problemas duradouros ou que podem levar a eles. Quando falamos de ação virtuosa e não-virtuosa, não o fazemos porque o *Buda* tenha dito que elas são virtuosas ou não-virtuosas. Chamamos de virtuosas as ações que, quando concretizadas por nós, têm como resultado a felicidade. O que queremos é felicidade. O que não queremos é sofrimento, e, quando nos envolvemos em certo modo de vida negativo ou em certas ações negativas, elas levam à experiência do sofrimento. Por isso, são chamadas de ações não-virtuosas.

Quando falamos de emoções aflitivas ou ilusões, estamos nos referindo a estados mentais que nos deixam completamente confusos e infelizes e com a mente extremamente agitada. Essa é a função ou a natureza destrutiva das emoções aflitivas ou ilusões. Tomemos como exemplo uma forte sensação de ódio. Quando aquela emoção aflitiva negativa do ódio desperta em nossa mente, naquele mesmo momento ficamos completamente confusos e agitados. Conseqüentemente, podemos reagir e nos expressar de uma forma muito negativa, brigando com os outros ou indo à guerra e assim por diante. Dessa forma, também destruímos a felicidade de outras pessoas. O ódio não só traz a confusão para nossa mente e para as mentes dos demais, mas também pode destruir a paz e a felicidade de todo o ambiente que nos circunda. Quando há uma forte influência do ódio e da ira, nem mesmo os pássaros e os animais naquele ambiente conseguem sentir alegria. Com efeito, eles sentem mal-estar e ficam confusos. Esse é o resultado negativo de emoções aflitivas desse tipo.

A partir do momento em que prejudicamos outra pessoa, as ações manifestas reais param de funcionar. Enquanto estivermos envolvidos no processo de acumulação daquela ação específica, ela deixa uma impressão na continuidade da mente (ou no espaço contínuo da mente, ou na corrente do *"eu"*, ou do *"self"*). Normalmente, os princípios filosóficos explicam que, quando nos referimos à continuidade da mente, queremos dizer que ela age como uma base temporária para carregar as impressões. É, na verdade, a continuidade do "self" ou do *"eu"* que atua como uma base de longo prazo que carrega a impressão positiva ou negativa – o *"eu"* puro.

Portanto, a continuidade daquele *"eu"* puro vai fluindo e carregando as impressões. Por esse motivo, em vidas subseqüentes, vivencia o resultado do carma negativo que a continuidade anterior do *"eu"* acumulou. Dessa forma, podemos perceber claramente que o acúmulo do carma negativo nos faz sofrer um resultado negativo temporário, assim como leva a resultados negativos de longo prazo, a sofrimentos duradouros.

Podemos classificar o carma em três níveis. O primeiro é chamado de carma que leva à vivência do resultado da ação nesta vida. Esse tipo de carma é realmente muito poderoso e forte e, em virtude do seu acúmulo, o resultado pode ser sentido nesta vida. Por exemplo, se acumulamos um carma negativo muito forte no começo de nossas vidas, vivenciaremos o resultado em uma parte posterior de nossas vidas.

Na segunda categoria de carma, não vivenciamos os resultados nesta vida, e sim na próxima. Há ainda uma terceira categoria de carma, cujos resultados não serão vivenciados nesta vida ou na próxima, mas na vida depois da próxima ou até mesmo após muitas vidas subseqüentes.

Ora, a pergunta é: como é feita a conexão entre esta vida e a próxima? Tomemos como exemplo um ser humano. Temos um corpo físico maciço e, no momento da morte, o corpo e a mente se desconectam um do outro. A mente deixa o corpo físico maciço para trás quando ele é queimado, enterrado ou atirado na água; o corpo se perde, e a mente viaja para a próxima vida.

Quando falamos de uma pessoa, de um ser ou de um ser senciente, compreendemos esse ser como alguém que teve experiências ou sentimentos de felicidade e de sofrimento. Esse ser não pode ser definido simplesmente como alguém que teve uma vida, porque mesmo seres não-sencientes, como as flores, também têm vida e um período em que começam a existir e outro em que finalmente chegam a um fim.

Mas, ao mesmo tempo, certas pessoas afirmam que algumas dessas flores têm uma espécie de sentimento. Se as tratamos bem, elas crescem bem e, se as tratamos mal, elas não crescem e acabam morrendo. É importante investigar um pouco mais sobre isso. Quando tentamos diferenciar seres sencientes de seres não-sencientes, isso deve ser feito levando-se em consideração se eles têm ou não mente ou consciência. Tudo aquilo que possui uma mente e uma consciência é um ser senciente, enquanto aqueles que não possuem uma mente e uma consciência são seres não-sencientes, mesmo que tenham vida.

O que queremos dizer quando falamos em "mente"? O que é a mente? Propriamente falando, nós temos aquilo que chamamos de consciências dos cinco sentidos e uma sexta consciência, que é a consciência mental. Mas, basicamente, quando falamos sobre a mente ou a consciência, estamos nos referindo à sexta consciência, ou seja, à consciência mental. Há inúmeras categorias na própria consciência mental e, portanto, não devemos imaginar que a consciência mental é uma identidade única. Há estados mentais virtuosos, estados mentais não-virtuosos, níveis mais grosseiros de consciência mental, níveis mais sutis de consciência mental e assim por diante.

É com base nesse ponto de vista que, no budismo, não aceitamos a idéia de alma, porque a palavra "alma" tem a conotação de uma identidade única, permanente e indivisível. Esse significado de alma é muito semelhante à definição de uma pessoa, como foi explicado em algum antigo pensamento teosófico não budista no qual a pessoa é identificada como algo unitário, solitário, indivisível e permanente. Da mesma forma, os proponentes da alma também dizem que a alma é algo unitário, indivisível e permanente, e os budistas refutam essa idéia.

❋ O VAZIO

Em um dos textos de Nagarjuna, chamado Sabedoria Fundamental, ele diz que a libertação é o estado de cessação das ações contaminadas e das ilusões e que as ações contaminadas se originam das ilusões. Estas, por sua vez, surgem de um pensamento conceitual errôneo, e o pensamento conceitual é resultado do apego real ou da ignorância. Nagarjuna diz ainda que o reforço ou o fator positivo contrário por meio do qual podemos nos livrar da ignorância ou do apego ao "eu" é o vazio. Há também uma segunda versão que diz que a ignorância e o auto-apego deixam de existir na natureza do vazio.

Portanto, no caso da primeira versão, que sugere que a ignorância pode ser eliminada pelo vazio, isso significa que, quando usamos a sabedoria que compreende o vazio ou a compreensão da realidade suprema, podemos eliminar a concepção errônea da realidade, que é a ignorância ou o apego real. Logo, essa é uma forma de eliminar a ignorância.

A segunda versão declara que o auto-apego ou ignorância deixa de existir na natureza do vazio. Isso significa que, no momento em que compreendemos a natureza suprema ou a realidade de nossa mente, essa ignorância ou auto-apego já não surge e, portanto, deixa de existir naquela mesma natureza.

E o que é o vazio? O vazio não está relacionado com o nada. Alguém poderá perguntar: se vazio não é a mesma coisa que o nada, então o que queremos dizer com "vazio"? O vazio, na verdade, relaciona-se com um estado da existência em que percebemos os fenômenos existentes de uma maneira diferente daquela a que estamos acostumados. É importante compreender isso. Normalmente, temos problemas porque nos agarramos e nos apegamos às coisas que se apresentam diante de nós. Não somos capazes de perceber a verdadeira natureza ou realidade dos fenômenos e somos totalmente iludidos por sua aparência. Quando nos enganamos dessa maneira ou quando somos muito atraídos pelas aparências dos fenômenos, temos a tendência a exagerar e a ver apenas o pólo extremo daquela realidade. Com isso, cultivamos o apego ou a ira e outros pensamentos conceituais que levam ao sofrimento.

... o vazio, na verdade, significa falta de existência independente ou inerente.

Assim, quando falamos sobre vazio, estamos dizendo que as coisas, quando vistas através do nível comum de nossa mente, parecem ter uma existência própria. Portanto, o vazio, na verdade, significa falta de existência independente ou inerente. Quando vemos alguma coisa, achamos que aquele objeto, seja ele externo ou interno, tem uma existência independente, por conta própria. Em virtude dessa maneira de pensar sobre a existência independente, vemos algo sólido e duradouro e, com base nisso, cultivamos o apego, o que cria problemas para nós. Por isso, é extremamente importante compreender que as coisas não têm essa existência independente.

Em Sabedoria Fundamental, Nagarjuna afirma que, quando falamos sobre o vazio, estamos nos referindo à natureza dependente de um fenômeno específico. Em virtude daquela natureza dependente, aquele fenômeno não tem uma existência inerente e, devido a essa falta de existência inerente, é algo a que o pensamento conceitual apenas atribui um nome. A não ser por esse nome que lhe foi atribuído e por sua natureza dependente, não há nenhum fenômeno que exista por si próprio.

Agora, examinemos a impressão que temos das coisas. Quando nos deparamos com um objeto específico, normalmente nos apegamos a ele achando que tem uma existência objetiva própria e que é completamente independente de quaisquer outras causas e condições. Se fosse verdade, como nos parece, que ele tem uma existência objetiva, então deveríamos ser capazes de encontrar aquela existência objetiva se investigássemos e analisássemos o objeto. E o objeto deveria ficar mais claro à medida que o analisássemos e investigássemos. Também na física quântica moderna – embora o campo de experimento dos físicos seja, é claro, uma coisa física –, quando fazem experiências com um objeto físico, chegam à conclusão de que, quanto mais o analisam e investigam, mais ele tende a desaparecer e a não ser descoberto. Portanto, alguns físicos modernos relutam em usar a palavra "realidade", porque, quando tentam investigar e analisar a "realidade", não a encontram.

Quando percebemos que as coisas não têm uma existência independente como normalmente nos parece, a vantagem dessa percepção é que, na próxima vez em que as coisas nos parecerem muito atraentes ou muito negativas, seremos capazes de compreender que aquele objeto específico é apenas uma ilusão. Mesmo que nos pareça muito negativo, isso também é falso e ilusório. As coisas não têm uma existência independente como nos parece. Com esse tipo de compreensão, somos capazes de enfraquecer e reduzir a força e a possibilidade do surgimento de emoções aflitivas negativas, como o apego, o ódio e assim por diante.

Através do estudo, obtemos alguma compreensão ou alguma idéia da possibilidade de alcançar um estado de libertação da existência cíclica. Embora possamos não ter atingido esse estado de libertação, a mera compreensão de sua possibilidade pode nos estimular a meditar sobre o vazio.

Quando observamos os seres sencientes à nossa volta e analisamos e observamos também o tipo de atitude mental que adotamos para com esses seres sencientes amigos, descobrimos que nós os categorizamos. Tratamos alguns desses seres sencientes com muito carinho e intimidade, achando que eles são nossos amigos e parentes. Mas há também outro grupo de seres sencientes em relação aos quais temos uma atitude muito negativa; e a esses tratamos como se fossem nossos inimigos, como algo muito ruim, e lhes causamos mal. Existe também um grupo de seres sencientes que não nos desperta nenhum interesse específico: não gostamos deles nem os detestamos, temos uma posição neutra com relação a eles. Essa atitude mental preconceituosa causa muitos danos a nós e também aos demais seres sencientes.

Agora, compare sua atitude mental errônea com a dos *Buda*s. Quando os *Buda*s e Budhisattvas observam esses seres sencientes, não fazem isso com uma mente preconceituosa, pois vêem todos os seres sencientes como seus amigos, como parentes e amigos próximos. Eles não discriminam nenhum desses seres sencientes.

Essa atitude errada adotada por você provoca muitos danos e sofrimento para o resto dos seres sencientes e, por meio disso, para você também. Se você enxergar as coisas dessa maneira, perceberá que estilo de vida mais bobo e imprudente você levou. Ao reconhecer isso, deve fazer uma promessa, comprometer-se a seguir o maravilhoso exemplo do *Buda* Shakyamuni e descartar essa visão sectária ou esse estilo de vida discriminativo de ver os seres sencientes.

❂

Então, agora, você deveria pensar: "Hoje, felizmente, tenho acesso à maravilhosa oportunidade de praticar e ouvir o Buddhadharma e, graças aos ensinamentos de Buda e de seguir seu exemplo, abri meus olhos. Agora, estou consciente de minha atitude discriminativa. Sou capaz de distinguir o que devo praticar do que devo abrir mão. Consigo discernir o que é positivo do que é negativo e, dessa maneira, não posso desperdiçar essa oportunidade maravilhosa. Devo seguir o maravilhoso exemplo do Buda Shakyamuni."

Capítulo 4

O CAMINHO PARA A FELICIDADE:
Uma explicação dos ensinamentos e das iniciações

Na Austrália e na Nova Zelândia, em 2002, o *Dalai Lama* proferiu uma série de ensinamentos. Este capítulo explica alguns desses ensinamentos, como as Quatro Nobres Verdades, os Oito Versos para o Treino da Mente, a *Lâmpada sobre o Caminho para Alcançar a Iluminação*, de *Atisha*, e apresenta algumas explicações mais breves sobre o *Chenrezig* e as iniciações da *Tara Branca*.

Como o *Dalai Lama* explica no terceiro capítulo, a compreensão das Quatro Nobres Verdades é essencial. Esses ensinamentos fundamentais do *Buda* são necessários para todos aqueles que estão começando a trilhar o caminho que leva à verdadeira felicidade. A cada passo, precisamos nos lembrar dessas bases, para que não nos tornemos vítimas das infinitas distrações que nos circundam e para que percamos de vista a insatisfação básica de nossa existência.

O *Buda* ensinou que a obtenção de uma mente calma, feliz e relaxada é um direito inato de todos nós. Todos desejamos um estado de felicidade duradouro cuja obtenção seja viável. Para isso, no entanto, devemos, em primeiro lugar, confrontar a verdade do sofrimento como algo fundamental para nossa existência. Quando isso for reconhecido e as causas desse sofrimento forem explicadas, poderemos começar a vislumbrar o fim do sofrimento e ir em busca do caminho que nos leva até a felicidade. Essa é a essência das Quatro Nobres Verdades.

❋ As Quatro Nobres Verdades ❋

Quando o *Buda* histórico, o príncipe Sidarta Gautama, finalmente alcançou a iluminação, depois de anos a fio tentando chegar ao cerne do que realmente significa ser humano, ele ficou sem fala. Não havia nada que ele pudesse dizer, absolutamente nada.

Seu despertar tinha sido resultado de seus esforços. Nenhum dos muitos mestres e nenhuma das outras pessoas que meditavam a seu lado em todo seu percurso haviam sido capazes de lhe mostrar aquele despertar pleno ou de levá-lo até ele. Ele teve que fazer isso sozinho. Tendo despertado plenamente, o *Buda* compreendeu imediatamente que qualquer pessoa que busque a felicidade deve fazer o mesmo, se não quiser continuar presa a estratégias que causam seu fracasso.

O despertar do *Buda* para a insubstancialidade de tudo aquilo que nós normalmente levamos a sério e interpretamos de uma maneira literal foi a base de sua libertação. A partir daquele momento, ele já não estava mais preso àquele ciclo infinito de sofrimento.

Embora ele próprio estivesse livre, à sua volta as pessoas continuavam andando em círculos, buscando a felicidade por todos os lados e tropeçando nos próprios pés. O despertar fez com que ele se tornasse muito mais sensível aos demais, em maior sintonia e mais envolvido com eles. Longe de voltar-se unicamente para si próprio, o *Buda* descobriu que despertar é tornar-se mais receptivo, mais observador e mais conectado. Percebeu que os outros sofriam no decorrer de suas vidas cotidianas, às vezes mais do que sabiam, e que viviam sempre com a esperança de que as coisas iriam dar certo.

Tão intenso foi o desejo do *Buda* de ajudar as pessoas a vencer sua dor que ele descobriu uma maneira de transmitir o que tinha compreendido. Ouvir os ensinamentos não proporciona iluminação, apenas aponta o caminho para a iluminação. As palavras que ele escolheu para descrever o caminho eram simples, deliberadamente simples, para evitar mal-entendidos.

O primeiro ensinamento do *Buda* após sua iluminação é conhecido como o "Ensinamento das Quatro Nobres Verdades".

🟤 A Primeira Nobre Verdade · *A Verdade do Sofrimento*

Uma observação simples e honesta sobre nossa experiência de vida é que ela é basicamente insatisfatória. A princípio, podemos achar que há altos e baixos na vida, momentos em que tudo desmorona e que são equilibrados por outros momentos em que a vida é maravilhosa. Mas, no primeiro de seus muitos ensinamentos, o *Buda* nos convidou a examinar mais cuidadosamente e a observar, a cada momento, a verdadeira natureza de nossa experiência.

Ele descobriu que vivemos constantemente em um ciclo de emoções, como em uma montanha-russa. Esse ciclo imprevisível é, por si próprio, uma fonte de ansiedade. Raramente sabemos o que vai acontecer. Nosso desejo por certeza e previsibilidade é muito forte. A vida moderna exige que tenhamos a sensação de estar no controle, e as novas tecnologias nos dão a poderosa ilusão de que quase chegamos a ter controle de nossas circunstâncias. No entanto, quando examinamos as coisas mais de perto, vemos que nossas vidas são governadas pela esperança e pelo medo. Alternamos entre os dois constantemente, sempre na expectativa de que as coisas melhorem. Esperamos que o que é bom dure e o que é desagradável desapareça. Mas também tememos que aquilo que é bom não dure ou que fiquemos presos a uma situação ruim para sempre. É como se fôssemos prisioneiros. Se examinarmos as coisas em maior detalhe, descobriremos que até os momentos mais sublimes e ardentes, muitas vezes, estão manchados pelo medo, quando pensamos: será que vão durar?

Essa Primeira Nobre Verdade nos estimula a observar nossa experiência sem sentimentalismos e a perceber os mergulhos e os vôos das emoções que se alternam. Ela nos convida também a observar os momentos em que nos parece que nada acontece, para que possamos desfrutar plenamente do gosto desses momentos aparentemente neutros, até estes parecerem ter um colorido ligeiramente negativo.

O *Buda* ensinou essa Primeira Nobre Verdade como um convite para que examinássemos o gosto da realidade em nossa experiência. Mesmo que nossa vida seja maravilhosa comparada à de outras pessoas, nossas circunstâncias podem mudar. Podemos crer que outras pessoas têm mais sorte do que nós, mas o fato é que elas também sentem insatisfação. É possível que o sofrimento mental de uma pessoa rica seja tão intenso quanto o de um mendigo.

O *Dalai Lama* explica esse paradoxo da seguinte maneira:

> "Se compararmos pessoas ricas com pessoas pobres, muitas vezes nos parece que as pessoas que não têm nada são, na verdade, aquelas que têm as menores preocupações. Quanto aos ricos, embora algumas pessoas ricas saibam como usar sua riqueza de forma inteligente, outras não sabem, e é possível perceber que elas estão sempre ansiosas e atormentadas, divididas entre a esperança e a dúvida, mesmo quando parecem ter sucesso em tudo."

O *Buda* não disse que a vida é triste, apenas que ela é mutável e imprevisível. Enquanto desejarmos que ela seja conhecida, segura, previsível e sob nosso controle, ficaremos sempre desapontados. Se examinarmos nossas vidas honestamente, veremos que somos vítimas de muito estresse e ansiedade.

A Segunda Nobre Verdade · *O Sofrimento Tem uma Causa*

Apenas dizer que a vida é insatisfatória não ajuda muito. É preciso identificar precisamente a causa única de nossa insatisfação.

A princípio, o que o *Buda* identificou como sendo essa causa pode parecer estranho: segundo ele, a causa de nosso sofrimento é o fato de fazermos de nós mesmos o centro de tudo. O sofrimento surge em virtude de um foco restrito, enraizado, obsessivo e constante no *"eu"*.

Do ponto de vista do *Buda*, estamos sempre nos reinventando, contando-nos histórias sobre o que somos, o que fazemos e não fazemos, como nos sentimos em relação a essa ou àquela pessoa, lembrando o passado, revivendo-o e querendo prever o futuro. Nossas vidas se tornam uma grande produção teatral, um filme de longa-metragem ou uma novela, e é preciso um esforço muito grande de nossa parte para permanecermos agarrados a todas essas idéias que temos sobre quem nós somos.

Até certo ponto, podemos concordar que ficamos exageradamente envolvidos em nós mesmos, absorvidos demais em nós mesmos, nunca deixando espaço suficiente para os demais. No entanto, do ponto de vista budista, uma sensação saudável do *"eu"* é uma boa coisa, e até mesmo necessária como uma ferramenta básica para ir administrando as questões práticas da vida.

O ego ou o *"eu"* não é o problema, o problema é o valor que lhe atribuímos. Se nosso ego é um empregado que não perde de vista as coisas, estamos bem. Mas, se o ego assume o comando, aí as coisas se complicam. Quando tudo o que fazemos tem de servir ao ego, escorar uma sensação de fragilidade do *"eu"* e alimentar a demanda insaciável de afirmação por parte do ego em um mundo imprevisível, temos um problema. O *Buda* ensinou que a causa do sofrimento é o egocentrismo. Ele ocorre quando damos as rédeas para o ego, aceitando suas reivindicações de que ele é o autor de nossas vidas.

Uma pessoa egocêntrica usa estratégias pela vida, buscando vantagens, sempre na expectativa de marcar um ponto, mesmo quando alguma outra pessoa perde. Dizer que essa abordagem é equivocada não é um mandamento moral vindo do alto, mas uma observação prática de que isso simplesmente não funciona. A meditação nos convida a investigar se esse hábito de nos colocarmos em primeiro lugar dá resultado. Existe um padrão? Organizamos nossa vida para fracassar?

Reconhecer a causa do sofrimento diminui esses sentimentos para com o *"eu"*. Até agora, *"eu"*, *"eu"* e *"eu"*, nós sempre estivemos em primeiro lugar e todos os demais em segundo, bem longe. A alternativa é relaxar, ter mais consideração e dar mais espaço para os demais; reconhecer que eles também querem a felicidade e estão lutando para vencer a insatisfação. As coisas que temos em comum são muito mais importantes que nossas diferenças.

❂ A Terceira Nobre Verdade · *A Cessação do Sofrimento*

O *Buda* ensinou uma verdade revolucionária: é possível viver uma vida tranqüila de equanimidade, felicidade e alegria, na qual a insatisfação já não existe na mente. Essa é a alternativa verdadeira para não sermos vítimas de nossas confusões, ansiedades, esperanças, medos e fixações.

Uma imagem budista clássica é ver o mundo como se estivesse coberto de espinhos terrivelmente pontiagudos. Andar descalço nessas circunstâncias é arriscar-se a ter feridas dolorosas. O que podemos fazer? Poderíamos elaborar um enorme projeto para cobrir o mundo de couro, criando uma superfície macia e segura sobre a qual caminhar, ou poderíamos cobrir nossos pés com couro para nos proteger.

Um par de sapatos é uma resposta muito mais simples do que tentar fazer com que o mundo inteiro fique seguro. Nenhum líder político em toda a história conseguiu tornar o mundo seguro, mas, se transformarmos nossas mentes, mesmo que seja perigoso lá fora, ainda teremos a liberdade interna de escolher como reagir. A mente que muda sua perspectiva de uma maneira fundamental já não é mais escrava do hábito. Ela gera a própria felicidade e não está dependente de uma luta sem-fim para manipular as condições externas.

O *Buda* é um exemplo personificado da alegria de uma mente que mudou. Nas histórias de sua vida, ele tratava todos da mesma maneira extrovertida e feliz. Uma pessoa podia elogiá-lo prodigamente, outra odiá-lo e até planejar matá-lo, mas ele tratava as duas com a mesma equanimidade tranqüila e franca.

O *Dalai Lama* é um exemplo para nós da cessação do sofrimento. Criado para ser rei, tanto do domínio secular quanto do domínio sagrado de toda uma nação, ele perdeu tudo o que uma pessoa poderosa pode perder: sua nação, sua pátria, seus mosteiros e o patrimônio de uma grande civilização. O filme *Kundun* (1997), de Martin Scorsese, descreve tudo isso detalhadamente. No entanto, apesar dessa série de desastres, o *Dalai Lama* nunca perdeu sua equanimidade e sua felicidade interior nem entrou em depressão. O *Dalai Lama* exilado, no ponto mais baixo de sua vida, deixa bem claro que não está zangado com ninguém. Ele continua responsável pela própria felicidade, mesmo nas situações mais extremas.

❀ A Quarta Nobre Verdade · *O Caminho para a Cessação do Sofrimento*

Isso é um novo começo. Se a insatisfação, a ansiedade e a frustração rotineiramente nos fazem tropeçar e tiram o prazer até dos melhores momentos, e se há uma maneira de existir que ultrapassa essa frustração, precisamos dela. Há, na verdade, uma maneira bem comprovada de passar da insatisfação crônica para a felicidade; essa maneira é o caminho da prática budista de meditação.

Prometer uma resposta para a frustração é oferecer um fim. No entanto, a Quarta Nobre Verdade também é uma porta para uma constelação de métodos budistas capazes de transformar a mente e abrir o coração. O caminho não vem em apenas um pacote bem embrulhado. O budismo oferece muitos métodos, de acordo com a atitude do indivíduo, seu nível de motivação, sua personalidade e sua disposição.

Todos os métodos compartilham uma base comum, que é a de ampliar nossa perspectiva. Descobrimos que não somos nossos pensamentos.

Gradativamente, abandonamos o hábito de pensar demais. Esquecemos aquela mania de nos concentrar obsessivamente no *"eu"*, excluindo o contexto mais amplo. Deixamos para trás grande parte da bagagem que carregamos. Todas as práticas budistas reformulam as emoções e as idéias que dominam nossas mentes atadas aos hábitos, até que descobrimos que elas são apenas ondas na superfície de um vasto oceano. Quem melhor que o *Dalai Lama* para nos ajudar a reconhecer nossas fixações em uma perspectiva muito mais ampla?

O caminho budista para a cessação da insatisfação e do sofrimento usa a mente para treinar a mente. Neste mundo moderno material, conhecimento é poder. Embora o mundo moderno valorize muito a informação e o conhecimento, é curiosamente desconectado quando se trata de sabedoria – que deve ser tudo aquilo a que nos leva nosso conhecimento. A sabedoria é um profundo entendimento de como tudo existe e também do que é ser humano. Todos os métodos budistas levam a esse entendimento, não como uma teoria intelectual, mas como uma experiência real alcançada através do esforço disciplinado por parte do praticante.

Ao descobrir a natureza do mundo material e da mente, descobrimos as enormes potencialidades criativas, comunicativas e reativas desta última. A cessação do sofrimento não é uma negação, não é como apagar algo negativo. Ela nos abre para um modo de vida muito mais fluido, espontâneo, generoso e compassivo. Mas não é fácil. Esse caminho vai na direção oposta a tudo aquilo que estabelecemos como nossas estratégias pessoais para a vida. O mundo moderno nos encoraja a criar estratégias para nos prepararmos para viver, e não apenas para viver. Em comparação, o caminho budista pode parecer demasiado simples, como se corrêssemos o risco de que outros se aproveitem de nós se não mantivermos nossa guarda. A única maneira de descobrir é tentar e ver o que acontece.

Muitas vezes, é um grande alívio ser capaz de deixar para trás alguma parte da bagagem acumulada do "eu" construído e dar o próximo passo, a próxima tomada de ar. Pode ser um grande alívio não ser tão calculista e, em vez disso, confiar em nós, sendo francos e honestos. Acima de tudo, a vida fica muito mais leve quando nós já não nos preocupamos com o que os outros acham de nós. O caminho budista é o caminho da estabilidade e da força interior, da confiança e da confidência.

Alguns dos métodos budistas fornecem um treinamento da mente, passo a passo, para que aqueles nossos hábitos que são a causa de nosso fracasso sejam gradativamente substituídos por hábitos mais saudáveis. À medida que a confiança e a estabilidade mental aumentam, surgem outros caminhos mais diretos para a felicidade. Eles constituem o caminho para a cessação do sofrimento e abrem a porta para um despertar pleno.

❁ Oito Versos para o Treino da Mente ❁

Esses oito versos concisos, escritos por *Langri Tangpa*, nos transmitem conselhos sólidos e práticos para a felicidade na vida cotidiana. Destilados da experiência de meditadores profundamente engajados há mil anos, que despertaram para sua verdadeira condição, algumas das coisas que eles oferecem podem nos surpreender. Com freqüência, eles contradizem aquilo que acreditamos ser as causas da felicidade pessoal. O que eles oferecem é uma espécie de felicidade mais duradoura e confiável, que não vem das condições externas, mas de nosso interior, e a habilidade de colocar os outros, não o *"eu"*, no palco central de nossas vidas.

Quando essa coleção de máximas sábias foi composta, o budismo ainda era relativamente recente no Tibete, mas vinha sendo praticado há 1.500 anos na Índia, sua terra natal. Essas gemas de sabedoria foram coletadas por *Atisha*, mais tarde por *Langri Tangpa* e, ainda mais tarde, por *Geshe Chekawa Yeshe Dorje*. O primeiro desses grandes mestres nasceu em 982, e o último morreu em 1175. O *Dalai Lama* escolheu os Oito Versos para o Treino da Mente como o texto base para seu ensino principal na Nova Zelândia, em 2002. Esses versos nos falam com simplicidade e clareza, atravessando o abismo do tempo e do espaço.

A força desses versos está em sua brevidade. Quando os entendemos, eles podem ser facilmente memorizados e lembrados em momentos de nossa vida diária em que precisamos de uma nova abordagem. Comprimir toda a abordagem tibetana para o treinamento da mente em oito versos poderia dar a impressão de que eles são rígidos demais e insensíveis, mas, ao contrário, eles nos ajudam a desenvolver uma generosidade verdadeiramente benevolente. Como diz o *Dalai Lama* com freqüência, a benevolência é incondicional. Se eu precisar que o outro responda à minha benevolência e me diga como sou maravilhoso, isso é condicional. Se for preciso que o outro responda de qualquer maneira, que preste atenção a meus conselhos ou se corrija, isso também é condicional. Se tenho benevolência com todos em uma situação em que posso ter empatia, mas acho que as outras pessoas que me são menos familiares estão além de minha benevolência, isso também é, no melhor dos casos, condicional.

A bondade e a benevolência podem ser conscientemente aprendidas e deliberadamente criadas, mas elas podem também surgir espontânea e naturalmente, sem tanto esforço permanente. A benevolência não é um dever moral ou um mandamento, mas uma habilidade natural que vem à tona quando jogamos fora o egoísmo.

A verdadeira benevolência é vigorosa e cheia de energia, e não apenas um sentimento. A benevolência não é piedade, nem uma forma de sufocar a dor para que todos se sintam bem.

❈

Esses versos não têm como foco a idéia de que devemos sair correndo para mudar o mundo. Seu foco é a mudança do *"eu"* individual. É por isso que o texto básico se denomina "treino da mente". A prova da eficácia desses versos será encontrada se aquele que os praticar conseguir ver a realidade de uma forma diferente após usá-los em sua vida diária. Eles são ferramentas de treinamento. Quando postos em prática, podem revolucionar nossas vidas, como fizeram para milhares de meditadores durante os últimos mil anos.

Os Oito Versos nos treinam para uma mudança de percurso. Não é fácil mudar o hábito, de toda uma vida, de nos colocarmos sempre em primeiro lugar. Pode parecer pouco natural aceitar a vitória dos outros, ser grato a todos, mudar nossa atitude e, mesmo assim, permanecer natural. Mas, quando usamos essas ferramentas de treinamento, descobrimos que o beneficiário imediato não são os outros lá fora, somos nós mesmos. É um alívio abandonar essa preocupação obsessiva com o *"eu"*, essa luta para ser um indivíduo incomparável, deixando sua marca. O que esses versos pedem de nós não é um esforço sobre-humano para ser mais moralista e mais obediente do que nunca, mas a capacidade de relaxar e deixar que haja espaço para que simplesmente nos conectemos com os outros.

Como um grande lama de épocas recentes, Chogyam Trungpa Rinpoche diz: "Essa prática abre um campo maior de ternura e de força e, com isso, nossas ações são baseadas na apreciação, não nesse ciclo permanente de esperança e medo." Valorizamos o que é, em vez de ficarmos presos àquilo que poderia ter sido ou deveria ser. Valorizamos a realidade como ela se apresenta, mesmo quando ela nos choca.

Quando começamos a praticar esses versos na vida diária, descobrimos que eles desfazem o egocentrismo, purificam os hábitos atravancados em nossa mente e reprocessam aquelas coisas que chegamos a considerar naturais. Eles suavizam nosso interior e questionam nossa busca estritamente pessoal pela felicidade.

> *Com uma determinação de levar a cabo*
> *o bem-estar supremo de todos os seres sencientes,*
> *que são superiores, até uma jóia que realiza nossos desejos,*
> *aprenderei a considerá-los supremamente queridos.*

O *Dalai Lama* explica este verso da seguinte maneira:

> "Outros seres sencientes são, na verdade, a fonte principal de todas as nossas experiências de alegria, felicidade e prosperidade, e não apenas no que diz respeito a nossos contatos diários com as pessoas. Todas as experiências desejáveis que nutrimos ou aspiramos obter dependem da cooperação e interação com outros seres sencientes. Isso é um fato óbvio.
>
> Da mesma forma, do ponto de vista de um praticante em seu caminho, muitos dos altos níveis de realização que ganhamos e o progresso que fazemos em nossa viagem espiritual dependem da cooperação e da interação com outros seres sencientes. Além disso, no Estado de Buda resultante, as atividades realmente benevolentes de um Buda podem surgir espontaneamente, sem muito esforço, apenas com relação aos seres sencientes, porque há recipientes e beneficiários daquelas atividades iluminadas.
>
> Por meio de análise e contemplação, chegaremos a ver que grande parte de nossa tristeza, sofrimento e dor resulta, na verdade, de uma atitude egocêntrica, que se preocupa só com nosso bem-estar em detrimento do dos outros. Muito da alegria, felicidade e sensação de segurança em nossas vidas surge de pensamentos e emoções voltadas para o bem-estar de outros seres sencientes.
>
> Em algum sentido, os Bodhisattvas, os benevolentes praticantes do caminho budista, são pessoas sabiamente egoístas, enquanto as pessoas como nós somos tolamente egoístas. Pensamos em nós e desconsideramos os demais, e o resultado é que sempre estamos infelizes e nem sequer conseguimos nos divertir. Chegou o momento de pensar mais sabiamente, não é verdade? Isso é no que creio."

Sempre que me associar com outros,
aprenderei a pensar em mim mesmo
como o mais inferior de todos eles
e respeitosamente considerar os outros superiores
das profundezas de meu coração.

Nas palavras do *Dalai Lama*:

> "Na tradição budista, a benevolência e a bondade são consideradas como dois lados da mesma moeda. Diz-se que a benevolência é o desejo empático que aspira a ver o objeto da benevolência, o ser senciente, livre de sofrimento. A bondade é a aspiração que deseja felicidade aos outros. Nesse contexto, o amor e a benevolência não devem ser confundidos com amor e benevolência no sentido convencional. Por exemplo, nós temos uma sensação de ligação com as pessoas de quem gostamos. Sentimos benevolência e empatia. Também temos um forte amor por essas pessoas, mas, muitas vezes, esse amor ou essa benevolência tem como base considerações voltadas para o nosso 'eu': 'fulano é meu amigo', 'ela é minha esposa', 'meu filho' e assim por diante. Esse tipo de amor ou benevolência tem vestígios de apego porque ele envolve considerações auto-referenciais.
>
> No momento em que há apego, há também o potencial para que surja a ira e o ódio. O apego está sempre de mãos dadas com a ira e o ódio. Por exemplo, se nossa benevolência para com alguém tem um toque de apego, ela pode facilmente passar a ser a emoção oposta em virtude do menor incidente. Nesse caso, em vez de desejarmos que aquela pessoa seja feliz, podemos desejar que ela seja muito infeliz.
>
> A verdadeira benevolência e o verdadeiro amor no contexto do treinamento da mente baseiam-se no simples reconhecimento de que os outros, assim como eu, naturalmente desejam ser felizes e vencer o sofrimento; e os outros, bem como eu, têm o direito natural de realizar aquela aspiração básica.
>
> A característica essencial da verdadeira benevolência é que ela é universal, e não discriminatória. Assim, o treinamento da mente para cultivar a benevolência na tradição budista envolve cultivar um pensamento de imparcialidade ou equanimidade para com todos os seres sencientes. A prática de desenvolver ou cultivar a equanimidade envolve uma forma de desprendimento. Às vezes, quando as pessoas ouvem falar sobre a prática budista de desprendimento, pensam que

o budismo está sugerindo que sejamos indiferentes a todas as coisas, mas não é bem assim. Primeiro, poderíamos dizer que cultivar o desprendimento tira a pungência das emoções discriminatórias que temos em relação aos outros e que são baseadas em considerações de distância ou de proximidade. Lançamos a base sobre a qual poderemos cultivar uma benevolência genuína que se estenda a todos os outros seres scientes.

Acho importante entender a expressão 'como o mais inferior de todos eles' no contexto correto. Certamente, isso não significa que devemos alimentar pensamentos que nos levam a ter uma baixa auto-estima ou que devemos perder todo o sentido de esperança e nos sentirmos desalentados, pensando: 'Sou inferior a todos os demais, não tenho capacidade, não posso fazer nada e não tenho nenhum poder.' Esse não é o tipo de consideração de inferioridade a que estamos nos referindo aqui.

Na verdade, o fato de considerar-nos inferiores aos demais tem que ser entendido em termos relativos. De um modo geral, os seres humanos são superiores aos animais. Estamos equipados com a habilidade de avaliar o que é certo e errado, de pensar no futuro e assim por diante. No entanto, podemos também argumentar que, em outros aspectos, os seres humanos são inferiores aos animais. Às vezes, nos envolvemos em ações puramente por prazer – matamos por 'esporte' quando caçamos ou pescamos. Portanto, em um sentido, poderíamos argumentar que os seres humanos demonstram ser inferiores aos animais. É em termos assim relativistas que podemos nos considerar inferiores aos demais.

Normalmente, quando nos entregamos às emoções comuns da ira, do ódio, do forte apego e da ambição desmedida, fazemos isso sem qualquer sentido de restrição. Muitas vezes, esquecemos totalmente o impacto que nosso comportamento possa ter em outros seres scientes. Mas, se deliberadamente cultivarmos o pensamento de considerar os outros como superiores e merecedores de nosso respeito, estamos nos dando um fator restritivo. Então, quando as emoções surgirem, elas não serão poderosas o suficiente para fazer com que desconsideremos o impacto de nossas ações sobre outros seres scientes. É com base nessa idéia que sugerimos esse reconhecimento dos demais como sendo superiores a nós."

*Em todas as ações, aprenderei a procurar na minha mente
e assim que uma emoção aflitiva surgir,
expondo a mim mesmo e aos demais ao perigo,
eu a confrontarei firmemente e a evitarei.*

O *Dalai Lama* explica o pleno significado desse verso:

> "Para um praticante do budismo, o verdadeiro inimigo é esse inimigo dentro de nós – essas manchas mentais e emocionais que fazem surgir a dor e o sofrimento. A verdadeira tarefa de um praticante Budadharma é vencer esse inimigo interno. Como a aplicação de antídotos para essas manchas mentais e emocionais é uma parte central da prática do Dharma e, em certo sentido, sua base, o terceiro verso sugere que é muito importante cultivar a atenção desde o princípio.
>
> Se deixarmos que as emoções e os pensamentos negativos surjam dentro de nós sem qualquer sensação de restrição, sem nenhuma atenção à sua negatividade, em um certo sentido, estaremos dando a eles o controle de nossas vidas. Eles podem, então, se desenvolver a tal ponto que será simplesmente impossível opor-se a eles. No entanto, se ficarmos atentos à sua negatividade, quando eles ocorrerem, seremos capazes de reprimi-los assim que surgirem. Não lhes daremos a oportunidade ou o espaço para que se desenvolvam e se tornem pensamentos emocionais negativos plenamente desabrochados.
>
> O que está sendo sugerido é a aplicação de antídotos que sejam apropriados para essas emoções e esses pensamentos negativos específicos. Por exemplo, para contrabalançar a ira, devemos cultivar o amor e a benevolência. Para contrabalançar um forte apego a um objeto, devemos cultivar pensamentos sobre a impureza daquele objeto, sua natureza indesejável e assim por diante.
>
> Para contrabalançar nossa arrogância e nosso orgulho, precisamos refletir sobre os defeitos que temos e que podem fazer com que surja em nós um sentido de humildade. Podemos, por exemplo, pensar sobre todas as coisas no mundo sobre as quais somos completamente ignorantes. Exemplificando: olhemos a intérprete da linguagem de sinais aqui na minha frente. Quando olho para ela e vejo os gestos complexos com os quais ela desempenha a tradução, não tenho a menor idéia do que ela está fazendo, e ver isso é uma experiência que tende a me fazer humilde."

Aprenderei a apreciar os seres com natureza má,
e aqueles pressionados por pecados e sofrimentos poderosos,
que eu possa apreciá-los como uma descoberta rara,
como se eu tivesse me deparado com um tesouro em jóias.
Quando outros tiverem inveja de mim
e me ofenderem e me atacarem injustamente,
aprenderei a ficar com as perdas
e a oferecer a eles a vitória.

Quando alguém a quem eu beneficiei com muita esperança,
sem razão me maltratar cruelmente,
aprenderei a considerar aquela pessoa
como um guia espiritual excelente.

Em suma, que eu possa dar a todas as minhas mães
toda a ajuda e a felicidade nesta vida e nas vidas futuras.
E que eu possa com respeito voltar para mim mesmo
todo e dano e todo o sofrimento de minhas mães.
Aprenderei a manter todas essas práticas
livres das manchas das oito concepções mundanas
e, entendendo que todos os fenômenos são como ilusões,
ficarei livre da escravidão do apego.

Quando ouvem esses versos pela primeira vez, algumas pessoas dizem: "Isso não é para mim. De jeito algum. Minha auto-estima já é frágil o suficiente sem isso."

Essa primeira reação, totalmente compreensível, pode, porém, estar equivocada por várias razões. Primeiramente, os versos não são diretrizes sobre como se comportar, mas sim sobre como pensar. Eles sugerem uma mudança na motivação e na perspectiva, uma nova forma de enxergar quem ou o que está no centro de nossos interesses. Eles não questionam um sentido saudável do *"eu"*, mas uma auto-absorção, um auto-interesse ou um egocentrismo exagerado, que exclui os demais e os transfere para as margens de nossa visão.

Em segundo lugar, esses versos são um convite para experimentar uma maneira diferente de estar no mundo.

A idéia de experimentar os Oito Versos na prática, especialmente quando a vida está difícil para nós, serve para ver o que acontece. O que os budistas dizem que normalmente ocorre é que quem se beneficia é o praticante. Por exemplo, quando alguém se zanga conosco, não precisamos ficar irritados. Mantemos um espaço que deixa lugar para alternativas, para novas maneiras de lidar com a situação.

Algumas vezes, os benefícios são imediatos. Se alguém nos provoca, por exemplo, começamos a nos sentir estressados, tensos e irritados, mas é então que um dos versos budistas vem à mente: "E oferecerei a eles a vitória." Só esse pensamento, antes mesmo de fazer qualquer coisa, cria um espaço e novas opções. Ele questiona a aparente inevitabilidade de explodir com a reação habitual. Ele reduz aquele reflexo patelar; fazemos uma pausa e deixamos que se abra uma brecha da qual possibilidades novas podem emergir.

Na prática, esses versos são como uma corda salva-vidas. Eles nos mostram que há escolhas disponíveis naqueles momentos em que precisamos delas.

Temos muitos botões que outras pessoas podem apertar. Temos tentado ganhar controle, mas, no fim das contas, apenas nos tornamos pessoas muito previsíveis – às vezes, mesquinhas, outras vezes, até mais do que mesquinhas. Somos vulneráveis e facilmente manipulados. Não é preciso muita coisa para que nosso pior lado venha à tona. Para alguns, isso toma a forma da raiva; para outros, o ressentimento ou a inveja, a ansiedade ou a depressão, que fervem dentro de nós.

Do ponto de vista budista, controle não significa ter tudo estabelecido ou manietado, porque isso é impossível. Ter controle é ter uma mente que está aberta para qualquer coisa que surja e que é capaz de reagir criativamente mesmo em situações extremas.

Os versos nos convidam não só a deixar de estar disponíveis para a manipulação, mas também a desenvolver qualidades novas e positivas. Eles treinam a mente para ser menos condicionada e trabalhar com as qualidades básicas de que precisamos quando as coisas se complicam.

Uma dessas qualidades é a paciência. Não vemos a paciência como uma das disciplinas no currículo escolar ou universitário. Muitos pais não sabem como ensiná-la a seus filhos; alguns acham que é difícil demonstrá-la através do exemplo. No entanto, há momentos, até mesmo na vida mais encantadora, em que as coisas não ocorrem como queríamos que ocorressem e quando não há muito a fazer a não ser ter paciência e esperar que as coisas mudem. Se formos pacientes com situações que não podemos mudar, estaremos abertos e relaxados quando a oportunidade de mudança realmente surgir. Se ficarmos impacientes, frustrados e tensos porque as coisas não aconteceram como deveriam, podemos nem mesmo perceber que o momento de oportunidade chegou.

Mas quem pode nos ensinar a ter paciência? Os budistas observaram no decorrer dos séculos que o mestre ideal, aquele que não nos dá outra alternativa a não ser a de sermos pacientes, é alguém que se zanga conosco. Se aceitarmos a situação e não a levarmos muito a sério, teremos aprendido alguma coisa e criado espaço tanto para nós quanto para a outra pessoa, cuja raiva pode até amainar, porque ela não foi recebida com agressão. Isso não significa ceder ou ser um capacho. É um gesto inteligente, habilidoso e compreensivo.

Os Oito Versos nos convidam a sentir nossas emoções de uma maneira nova, especialmente se forem memorizados, e é aí que as coisas ficam interessantes. Se alguém começa a gritar conosco, seja qual for nossa reação inicial, com esses versos temos agora um novo espaço no qual podemos vivenciar, cuidadosamente, nossa resposta habitual.

Podemos observar que situações assim provocam uma cascata de reações habituais. Um modelo clássico é quando, em vez de apenas permanecer com um sentimento de inveja, por exemplo, deixamos que se abra todo um diálogo interno e, em um minuto, já temos uma rotina completa se desenvolvendo em nossa mente. Algo mais ou menos assim: "Por que isso tem que acontecer para mim? Não agüento esse tipo de coisa. Não é justo. Você está fazendo isso comigo. Pare com isso."

Essa cascata ocorre tão rapidamente que é inconsciente. É necessário um esforço consciente para perceber a rotina pela qual nos forçamos a passar. Podemos, então, observar que o resultado da cascata é, muitas vezes, uma situação que vai ficando cada vez pior, mais sólida, inoperável e impossível. Podemos até ficar zangados por estarmos zangados ou deprimidos por estarmos deprimidos.

Ao provar o verdadeiro sabor de nossa inveja, por exemplo, vivenciamos a nós mesmos de uma maneira nova. Em vez de estarmos totalmente dispostos a manifestar aquela inveja, uma parte de nós fica disponível apenas para observar, e não para apressar-se a fazer julgamentos e a seguir rotinas. A princípio, os versos podem parecer impor uma nova disciplina; no entanto, eles devem ser implementados gradativamente, não à força.

O objetivo dos Oito Versos é transformar nossa mente. O *"eu"* já não está mais no palco central para nos fazer mais felizes. Essa transformação é uma maneira de nos tornarmos mais leves e de deixar que os outros entrem. É o reconhecimento de que a mente está repleta de coisas que deveriam ajudar, mas que, na verdade, atrapalham. Abandonamos aquilo que não funciona para que haja espaço para acomodar uma abordagem nova.

É possível que o motivo que nos levou a nos aproximar do budismo pela primeira vez tenha sido a esperança de que ele nos pudesse oferecer uma técnica, uma maneira de vencer uma situação sem saída. Mas o budismo oferece muito mais do que isso. É uma mudança básica de perspectiva, uma forma de ver tudo de um ângulo novo, e ele começa com a transformação da mente. Finalmente, isso leva ao despertar pleno ou a se tornar um *Buda*.

As linhas finais dos Oito Versos põem tudo em perspectiva:

Ao entender todos os fenômenos como ilusões,
liberte-se da escravidão do apego.

Despertar é descobrir que aquilo que temos levado tão a sério é, na verdade, um constructo, algo carente de substância e que existe apenas enquanto as causas e as condições que o fizeram existir permanecerem. Esses versos nos mostram como nos encarceramos desnecessariamente por fazer nossas emoções mais sólidas do que precisavam ser. Descobrimos que estamos viciados em coisas, situações e expectativas que achamos que irão nos causar felicidade, mas que, na verdade, levarão apenas ao desapontamento e à frustração. Estamos viciados em nosso sofrimento, e é preciso uma mensagem muito direta para fazer com que nossa mente se volte para uma nova direção.

Considerar os fenômenos como parte de um sonho ou como ilusões reduz o poder desses vícios. Nosso apego pelo controle e nossa necessidade de gerenciar os fenômenos e fazer com que tudo seja conhecível e conhecido são os vícios que nos escravizam e escravizam os demais. Nos Oito Versos, oramos para que possamos desenvolver a capacidade de ajudar a todos os seres, para que eles também se liberem de todos os laços graças à sabedoria fundamental que sabe que todas as coisas são ilusórias.

A Lâmpada sobre o Caminho
● para Alcançar a Iluminação, de Atisha ●

A Lâmpada sobre o Caminho para Alcançar a Iluminação, de *Atisha*, é poesia, literal e figurativamente. Em 68 versos concisos e de grande beleza, *Atisha* produziu um milagre de miniaturização, resumindo a experiência do *Buda* histórico, assim como a de um milênio e meio de despertar meditativo budista por toda a Índia e mais além.

Por mil anos desde então, esses versos continuaram a fazer brilhar sua luz sobre aquilo de que mais necessitamos, mas que, na maioria das vezes, nos falta; ou seja, saber como viver uma vida autêntica e sólida, livre dos fantasmas que nos amedrontam em nossos sonhos e também quando estamos despertos. A lâmpada de *Atisha* ilumina os cantos escuros de nossas vidas com a luz clara da compreensão da insubstancialidade de tudo a que normalmente nos apegamos.

Toda a herança do budismo está presente nas breves 274 linhas de *Atisha*, desde os primeiros passos para a felicidade imediata até o mais sublime discernimento sobre a liberdade do vazio e os métodos tântricos diretos.

Tudo começa com motivação. Se a felicidade pessoal é a maior meta que podemos imaginar, a prática da meditação faz sentido e dá resultado. Mas *Atisha* deixa claro, desde o começo, que nosso objetivo pode ser muito superior a isso. Podemos estar conscientes do futuro, das conseqüências de longo prazo de como vivemos agora e das escolhas que fazemos (normalmente de forma automática e com pouca consciência). *Atisha* nos convida a pensar não só sobre a felicidade de hoje, mas nesta vida em toda sua extensão, sua transformação inevitável pela morte e também sobre vidas futuras.

A seguir, ele vai ainda mais longe, sugerindo que devemos nos distanciar um pouco das preocupações com o *"eu"*, para vislumbrar melhor a vista. Ver expansivamente é perceber que não estamos sozinhos nessa busca pela felicidade. Há um mundo lá fora cheio de pessoas e outros seres com mentes, todos eles buscando alcançar a mesma meta. Distanciando-nos das demandas insistentes do *"eu"*, criamos espaço em nossas mentes e em nossos corações para as lutas e os desejos dos demais.

Desde o começo, *Atisha* nos pergunta: que tipo de pessoa nós somos? O significado da vida para nós é apenas divertir-se o máximo possível agora? Se a resposta é afirmativa, poderíamos ser descritos como pessoas de capacidade limitada. Ou estamos conscientes das conseqüências de nossas ações em longo prazo, mas mesmo assim ainda pensamos basicamente em nós mesmos? Isso descreve uma pessoa de capacidade mediana. Ou já nos despertamos para a realidade de que todos nós sentimos insatisfação, queremos felicidade e estamos confusos sobre como consegui-la? Isso descreve uma pessoa de capacidade superior.

O próprio *Atisha* devota-se totalmente ao caminho da capacidade suprema, com sua aspiração de obter a iluminação final e, assim, ter a capacidade de realmente ajudar os demais, mostrando-lhes o caminho para sair das confusões e ansiedades da vida cotidiana. Ele nos convida a viver de acordo com nosso potencial, e a maior parte de seu poema contém o processo, passo a passo, de como fazer isso exatamente.

Atisha sabe que nós precisamos de ajuda. Gostaríamos de acreditar que praticamos atos heróicos, mas, muitas vezes, é preciso mais do que mera força de vontade para adotar a prática assídua do caminho para a iluminação. A lâmpada de *Atisha* revela os meios para fortalecermos aquela decisão inicial de trabalhar para todos e em longo prazo.

Ele começa nos fazendo participantes ativos dos ensinamentos, em vez de espectadores passivos. Somos convidados a refugiar-nos, a unir-nos à família de praticantes, a encontrar um novo lar entre aqueles que, juntos, embarcam no caminho para descobrir sua capacidade suprema. *Atisha* e o *Dalai Lama* nos convidam a desempenhar o ritual de declarar-nos como parte do grupo, refugiando-nos no *Buda*, em seus ensinamentos e na comunidade de praticantes do *Buda*, do *Dharma* e da *Sangha*.

Refugiar-se pode ser um momento decisivo, mas não é a salvação. Não significa que, a partir desse momento, temos de ser heroicamente altruístas e nos esquecer de nossas próprias necessidades. Não significa que temos que renunciar à fé que cultivamos, seja ela qual for. É um convite para sermos saudáveis e para descobrirmos que há muitas outras coisas na vida além de arranhar a superfície do mundo material em busca de uma felicidade criativa, que normalmente demonstra ser elusiva. Nesse sentido, refugiar-se não é apenas abrir uma porta interna, mas é também fechar a porta externa da auto-obsessão. Permite-nos fazer aquilo que realmente importa, apesar do fascínio das inúmeras distrações, sabendo que a vida é curta.

Poderíamos exagerar nessa nossa descoberta da nova família a que podemos pertencer e achar que temos que jogar fora tudo aquilo de que gostávamos antes. Mas refugiar-se não significa abandonar nossos bens, nossa família ou nosso trabalho. Isso seria um erro do ponto de vista budista. Refugiar-se significa que já não investimos nessas coisas achando que elas têm o poder de nos fazer felizes para sempre. Abandonamos as expectativas exageradas que tínhamos de que elas poderiam nos trazer aquilo que, na verdade, só pode vir de nosso interior. Deixamos que elas sejam elas mesmas, sem apego.

Refugiar-se é uma cerimônia breve, mas formal, e receber esse benefício diretamente do *Dalai Lama* é uma oportunidade rara. Muitos budistas que já se refugiaram renovam seus votos na presença do *Dalai Lama* a fim de renovarem seu compromisso.

O *Dalai Lama* nos convida a nos unir a ele em um ato coletivo de imaginação, num palco que é decorado com imagens e estátuas de *Buda*s e representações da mente iluminada, além de flores, vasos com oferendas e incensos. O *Dalai Lama* nos convida a ampliar nossa imaginação criativa. Somos estimulados a multiplicar os *Buda*s e as oferendas, encher nossa mente e povoar o palco diante de nós com todos os *Buda*s e Bodhisattvas passados, presentes e futuros, que se reúnem para testemunhar o voto de que iremos despertar e nos regozijar com isso. O que importa é termos a sensação de que não estamos sós, de que muitos já tomaram esse caminho antes de nós e despertaram.

Esse é também o momento para abandonar os assuntos não terminados. Podemos agora reconhecer abertamente e abrir mão de todos os arrependimentos, das culpas, das vergonhas, das mágoas e dos ressentimentos passados que perseguem nossas mentes. O que foi feito não pode ser desfeito e, se nós revivermos o passado, não poderemos prosseguir na vida. Devemos aprender com nossos erros e depois seguir em frente. Podemos esquecer o passado.

O poema de *Atisha* diz que devemos receber esse voto de um mestre espiritual bem qualificado. Isso significa, acima de tudo, alguém que vive de acordo com esse voto e para quem cada respiração, cada palavra e cada ato estão banhados com a intenção de alcançar e transmitir a iluminação; alguém que, nas palavras de *Atisha*, "vive de acordo com o voto e tem a confiança e a benevolência para concedê-lo".

❂ Verso 9
E com muita fé nas Três Jóias,
ajoelhado com um joelho no chão
e as mãos bem juntas,
antes de tudo refugie-se três vezes

❂ VERSO 10
Depois, começando com uma atitude
de amor por todas as criaturas viventes,
considere os seres, não exclua nenhum,
que sofrem nos três maus renascimentos,
sofrendo o nascimento, a morte e assim por diante.

❂ VERSO 11
Então, como você quer libertar esses seres
do sofrimento da dor,
do sofrimento e das causas do sofrimento,
desperte imutavelmente a decisão
de alcançar a iluminação.

Em resposta ao convite do *Dalai Lama*, ajoelhamo-nos, um joelho no chão, o outro no peito, e recitamos a oração do refúgio três vezes:

Vou ao Buda para refugiar-me.
Vou ao Dharma para refugiar-me.
Vou à Sangha para refugiar-me.

O *Dalai Lama* explica:

> "Quando nós encontramos algum sofrimento, o susto ou o medo, temos a tendência natural de buscar alguém que tenha a capacidade de nos proteger, de nos ajudar. E, quando encontramos esse protetor, esse refúgio, confiamos sinceramente naquele objeto de refúgio, naquele objeto de proteção. Decidimos mentalmente e nos colocamos à disposição daquele objeto de refúgio. Esse é o significado de refugiar-se.
>
> Todas as principais tradições religiosas do mundo seguem um mestre e confiam e se refugiam nele. Da mesma maneira, no budismo, nós nos refugiamos no Buda Sakyamuni. No budismo, o mais importante é o ensinamento do Buda. Não dizemos que o ensinamento do Buda Sakyamuni é importante porque o Buda Sakyamuni é importante. É o contrário.

O CAMINHO PARA A FELICIDADE

> O Buda Sakyamuni é importante porque os ensinamentos que ele nos deixou são baseados na razão e na lógica e ajudam a eliminar o sofrimento. Quanto mais estudamos, praticamos e meditamos sobre os ensinamentos do Buda, mais encontramos a verdade e nos beneficiamos dela. Por isso, podemos concluir que o mestre que ensinou esse ensinamento é um excelente mestre, um mestre válido."

Tendo nos refugiado, começamos a ver o caminho diante de nós. Queremos libertar outras pessoas de suas confusões e emoções aflitivas e sabemos que precisamos mudar se quisermos viver de acordo com aquela aspiração. Mas é natural que uma visão assim tão grande venha e vá. Muitas vezes, voltamos ao hábito de pensar só em nós. Como estamos aprendendo novos hábitos, pode parecer estranho a princípio.

Não precisamos esperar muito de nós. O que importa não é se nossa determinação de despertar oscila, mas sim se a renovamos. Nada renova mais nossa determinação que lembrar do sofrimento dos demais. Podemos incluir nisso nossos próprios sofrimentos e ansiedades, porque não estamos fazendo isso para a exclusão do *"eu"*. Isso seria extremismo. Colocar o *"eu"* em perspectiva não significa abandonar as nossas necessidades. Esse é o caminho do meio, não uma situação de apenas isso ou aquilo. Nós nos libertamos através de nosso compromisso de libertar os outros.

Pôr fim a velhos hábitos exige disciplina, mas essa não é uma abordagem punitiva. É um processo de purificação das ações corporais e verbais e especialmente de purificação da mente, que habitualmente pensa demais, cria estratégias e calcula demais, na crença errônea de que assim é a vida no mundo material.

Purificar também é simplificar e deixar partir. Em vez de lutarmos contra nós, nos aceitamos como somos, vivenciando a realidade. A aceitação torna muito mais fácil o ato de mudar o que precisa ser mudado e de manter o que é apropriado.

❀ VERSO 27
Deste momento em diante,
até que eu alcance a iluminação,
não terei pensamentos nocivos,
ira, avareza ou inveja.

❁ VERSO 28
Cultivarei uma conduta pura,
abandonarei o malfeito e o desejo
e, com alegria no voto da disciplina,
irei me treinar para seguir os Budas.

❁ VERSO 29
Não ficarei ansioso para alcançar
a iluminação da maneira mais rápida,
mas ficarei para trás até o fim
em benefício de um único ser.

Todos nós podemos decidir que não faremos mal. Isso é o começo da não-violência ativa da qual o *Dalai Lama* fala com freqüência. Não fazer mal é bom senso e inclui não matar, não mentir ou não roubar; não ficarmos tão intoxicados a ponto de perder o controle; e não nos envolvermos em atividades sexuais inapropriadas em que os sentimentos de outra pessoa possam terminar machucados. Esses são os votos budistas básicos que podemos fazer.

Além de não fazer mal, podemos, na verdade, fazer o bem. Fazer o bem genuinamente é estar em harmonia com as pessoas como elas são e onde estão, em vez de presumir o que é melhor para elas. Significa também prestar atenção em nossos motivos e expectativas. Se fizermos alguma coisa pelos outros e eles não reconhecerem ou não agirem de acordo com nosso conselho e isso nos deixar aborrecidos, estaremos agindo de uma maneira egoísta e condicional.

❁

Atisha nos mostra como abrir caminho pela vegetação rasteira de nossos hábitos, arrancando as ervas daninhas e plantando flores perfumadas em seu lugar. Esse processo parece não ter fim, mas temos que começar em algum lugar. Enquanto o hábito restringir nossa visão de modo que tudo o que vemos é aquilo que parece relevante para nós, não poderemos progredir.

Bem na metade dos seus 68 versos, o caminho gradual subitamente fica mais inclinado, mas a vista que se tem dali é maravilhosamente ampla.

A lâmpada que *Atisha* segura para nós já não ilumina apenas o próximo passo, mas um grande panorama, à medida que nos apresenta à perspectiva budista *Mahayana*. *Atisha* nos revela a verdade do vazio como a natureza de tudo o que existe na mente e no mundo. *Shunyata* (o vazio) é o grande motor da libertação. Se percebermos que tudo aquilo pelo que ansiamos, ou que evitamos, não tem uma existência inerente, estaremos profundamente livres. Já não estaremos limitados a escolher entre isso e aquilo; arrancaremos nossos hábitos ruins e cultivaremos hábitos bons. Agora, seremos capazes de cortar completa e imediatamente a causa fundamental de toda a nossa insatisfação.

É fácil dizer que nada existe de forma inerente. Teoricamente, faz sentido afirmar que, sempre que examinamos qualquer coisa que consideramos independente e auto-existente, essa "coisidade" não é encontrada. Por exemplo, não há nenhuma "cadeiridade" que possa ser encontrada em uma cadeira ou em suas partes. "Cadeira" é apenas um rótulo que, por conveniência, agregamos a um conjunto específico de peças que tem uma certa funcionalidade enquanto dura, antes de inevitavelmente desmoronar. Não há como argumentar contra isso, mas como é que um bom senso desse tipo pode nos libertar?

Na verdade, rótulos, nomes e conceitos têm muito poder sobre nós. Esquecemos que são artifícios inventados pela mente humana por conveniência. E, na verdade, nós fazemos deles leis do universo. É pouco provável que sejamos oprimidos por nossa crença implícita de que em alguma parte na cadeira existe uma "cadeiridade" essencial. Mas, quando se trata dos conceitos poderosos que temos a respeito do *"eu"* e do "você", é uma história bem diferente.

"Eu" "me" vivencio de uma maneira muito íntima, subjetiva e totalmente pessoal em uma realidade privada. *"Eu"* vivencio "você" como se existisse lá fora, à distância. O *"eu"* é subjetivo, o "você" é objetivo. A distância estabelecida por essa abordagem subconsciente é sempre problemática. Podemos estruturar nossas vidas em torno de uma tentativa de preencher esse espaço, atraindo as pessoas para mais perto, na esperança de construir uma ponte que diminua a distância. Ou podemos nos sentir estimulados a manter a separação, deixando as outras pessoas fora de nosso espaço pessoal. Em qualquer um desses casos, isso faz com que nossa vida seja um número de malabarismo permanente, que exige muita negociação

com os outros para conseguirmos manter aquela distância exata, nem próxima, nem longe demais. Essa não é uma situação relaxante, pois exige um esforço constante.

Podemos relaxar e nos tornar muito mais tolerantes com os demais e com o mundo em geral se seguirmos as práticas que *Atisha* sugere na primeira metade de seu texto. Se mantivermos em mente tudo aquilo que nós todos temos em comum (a busca pela felicidade e o enfrentamento das decepções), contribuiremos muito para suavizar nossas diferenças. Mas, ainda assim, parece que o *"eu"* existe de uma maneira fundamentalmente diferente do "você". *"Eu"* estou aqui, "você" está lá fora.

> ❀ VERSO 35
> *Assim como um pássaro com asas*
> *não desenvolvidas não pode voar no céu,*
> *aqueles sem o poder da percepção superior*
> *não podem trabalhar para o bem dos seres vivos.*

> ❀ VERSO 37
> *Aqueles que querem completar rapidamente*
> *as coletas para a plena iluminação*
> *alcançarão a percepção superior*
> *graças a seus esforços, e não à preguiça.*

Atisha nos convida a buscar uma percepção superior que reformula tudo. A percepção superior não é algum tipo de consciência cósmica mística, além deste mundo. Na verdade, ela é bastante terrena e sólida, embora difícil de ser expressada com palavras.

Atisha nos dá vários versos para nos guiar no caminho para a compreensão e o alcance do vazio. Vemos através das ficções do *"eu"* e de sua pretensão de solidez e continuidade. Isso pode ser um choque brutal, mas também é libertador. Não há nada em que se agarrar, nenhum território a defender. No entanto, até isso pode continuar sendo apenas um conceito. Para deixarmos que a verdade do vazio se apodere de nós, é preciso ter uma mente estável e tranquila e capacidade de concentração, para que possamos manter a mente em equilíbrio, sem que ela seja arrastada para os pontos extremos. Todos os exercícios que praticamos, à medida que vamos aprendendo novos hábitos, são uma preparação para essa percepção superior.

Ao estabelecer hábitos saudáveis em nossas vidas e despertar para o vazio do *"eu"* e do outro, podemos, então, ver ao longe, através das montanhas. A luz que *Atisha* faz brilhar é nossa luz, e sua luminosidade se espalha para muito longe. Nesse momento, estamos prontos para o grande salto de *Atisha*.

Até aqui, no caminho, nos apresentaram formas de cultivar os bons hábitos de generosidade carinhosa e de benevolência ativa, capacitando-nos para que possamos nos envolver habilmente com outros nas situações da vida real. No mundo das coisas, das pessoas, dos sentimentos, das emoções e dos conceitos, estamos aprendendo como viver construtivamente e de forma saudável, motivados a despertar para que possamos ajudar aqueles que continuam confusos. Começamos a dissolver a distância entre o *"eu"* e o "você" ao descobrir que nós todos existimos da mesma maneira. Em outras palavras, estamos despertando para a verdade suprema de que tudo existe como um produto de causas e condições. Quando descobrimos isso, ultrapassamos os conceitos. Podemos meditar sem conceitos. Isso é o relaxamento natural. As coisas são como elas são, parecendo infinitamente diferentes, mas todas existindo da mesma maneira.

Agora é o momento em que todos esses caminhos se unem. A benevolência e a percepção do vazio são as duas asas de que precisamos para voar. E *Atisha* usa a imagem de um pássaro que se desenvolve, desdobra suas asas e depois levanta vôo. No alto, enxergamos tudo, e para sempre. Nossa lâmpada ilumina tudo.

Atisha nos mostra que a sabedoria e os recursos hábeis devem se unir e, se isso não ocorrer, continuaremos escravizados e incapazes de fazer qualquer coisa pelos outros. Conseguimos agarrar a felicidade no mundo material primeiramente por meio de hábitos novos e habilidosos e, a seguir, indo diretamente ao núcleo dos problemas. Podemos alçar vôo e ir aonde decidirmos, inclusive voltar para o ninho onde tudo começou. Mas, dessa vez, não nos agarramos possessiva e exclusivamente ao ninho do *"eu"* e "meu", e isso faz toda a diferença no mundo.

❖ As Cerimônias de Iniciação ❖

Durante sua visita à Austrália em 2002, o *Dalai Lama* concedeu, pelo menos duas iniciações – a de *Chenrezig* (*Avalokiteshvara* em sânscrito) e *Drol Kar* (conhecida em inglês como *White Tara*, ou seja, *Tara Branca*). Antes de introduzir essas deidades específicas, examinaremos o que significa participar de uma cerimônia de iniciação.

O budismo tibetano pertence à tradição budista *Mahayana*, que inclui a prática do *Vajrayana* ou *Tantra*. O caminho tântrico é, muitas vezes, considerado um atalho para a iluminação e é popular nas sociedades modernas em que o tempo é tão crucial. No entanto, o caminho tântrico pode ser contraproducente, até mesmo arriscado, sem um fundamento adequado sobre as bases do estudo e da prática budista. A maioria das pessoas estuda durante algum tempo com um professor qualificado e experiente antes de envolver-se na prática tântrica, e o *Dalai Lama*, entre outros grandes mestres tibetanos, salienta a necessidade de uma orientação muito precisa de um mestre tântrico qualificado para os praticantes do tantra.

As iniciações formam uma parte importante do budismo tântrico e são normalmente oferecidas aos alunos após um período em que se dedicam a um estudo sério das escrituras budistas. No entanto, as iniciações também podem ser oferecidas como uma forma de bênção para o público em geral. Nesses casos, é concedido o mantra da divindade, mas não é necessário que aqueles que recebem a iniciação se comprometam a uma prática diária por toda a sua vida. Acredita-se que receber a bênção já é um benefício duradouro e valioso.

O termo "iniciação" é *wang* em tibetano e *abhisheka* em sânscrito e pode ser traduzido como "a união de duas mentes", ou seja, a do mestre e a do discípulo. Às vezes, é também chamado de "habilitação". Durante essa cerimônia, o mestre tenta transmitir, de acordo com seu entendimento, o "poder" da verdade de um ensinamento específico.

Existem vários centros de budismo tibetano na Austrália e na Nova Zelândia onde as iniciações são dadas por lamas. As iniciações só podem ser concedidas por alguém adequadamente qualificado, conhecido como "guru", "lama", "professor" ou "mestre".

Durante a iniciação, forja-se uma conexão entre o mestre, a divindade e a pessoa que está recebendo a habilitação. O mestre concede a habilitação para uma divindade budista específica (conhecida como *Yidam*), a fim de transferir as qualidades da divindade para o discípulo. A divindade é, às vezes, considerada como um ser a quem devemos devoção. Os ensinamentos tântricos afirmam que todos nós temos uma qualidade divina, e o objetivo de receber a iniciação é manifestar as qualidades e os aspectos da divindade em nosso comportamento.

A divindade pode ser considerada um arquétipo, representando um aspecto do potencial humano, e uma mente iluminada, à qual podemos aspirar. Quanto mais fizermos essa prática da divindade, mais iremos nos familiarizar com os pensamentos puros e as ações da mente iluminada. Em nossa vida cotidiana, isso pode nos ajudar a reagir às situações com impulsos mais positivos, em vez de protestar com a maneira defensiva de sempre com raiva, medo ou outras reações emocionais. *Chenrezig*, por exemplo, simboliza a essência da benevolência; ao voltarmos nossas mentes habitualmente para sua qualidade de benevolência iluminada, estaremos treinando para expressar essa qualidade naturalmente.

Durante a iniciação, usamos nossa imaginação para visualizar a divindade acima da parte superior de nossa cabeça, ou na nossa frente, ou nos visualizarmos como a divindade. Muitas pessoas descobrem que têm sensações de felicidade extrema ou de inspiração à medida que as bênçãos da divindade entram e são absorvidas em seu coração. Após recebermos uma iniciação ou habilitação, podemos nos lembrar desses sentimentos, mantendo-os vívidos em nossa memória e ativos. Quando nos confrontarmos com situações difíceis ou com qualquer tipo de infortúnio, podemos nos lembrar daquilo que a divindade simboliza e sentir aquele estado mental associado a ela. Para fazer isso eficientemente, não é necessário ser budista ou pertencer a qualquer religião.

Não precisamos acreditar em deuses ou na reencarnação para compreender como podemos nos beneficiar dessas práticas. Quando nossa mente está agitada ou estamos estressados, influenciamos as pessoas à nossa volta. Qualquer coisa que pudermos fazer para controlar nossa mente e diminuir essa agitação e estresse só poderá trazer benefícios para nós mesmos e para os demais. A prática da divindade nos permite conseguir isso.

As divindades descritas nas páginas que se seguem, *Chenrezig* e *Tara Branca*, são ambas associadas a dois princípios budistas essenciais: a sabedoria e a benevolência ativa ou iluminada. Visualizando essas divindades e recitando seus mantras, podemos desenvolver essas qualidades em nós. Isso começa como uma aspiração ou um desejo e, à medida que a prática continua e se aprofunda, vamos chegando mais perto de atingir nossa meta.

Cada divindade tem um mantra que pode ser recitado muitas vezes. Mantra é um termo sânscrito que literalmente significa "aquilo que protege a mente". Essa proteção funciona em níveis diferentes. Quando nossa mente consciente está absorta recitando o mantra e visualizando a divindade, ela está temporariamente livre ou protegida de sua tagarelice normal e contínua e da confusão. Em um nível mais profundo, diz-se que os mantras são capazes de transformar nosso ser interior e estabelecem um elo com estados menos tangíveis da consciência. Essa é uma das razões pelas quais os praticantes nem sempre sentem a necessidade de ter uma explicação literal do significado do mantra para recitá-lo.

❁ Chenrezig ❁

Chenrezig é conhecido como o *Buda* ou o Bodhisattva da benevolência. Seu nome em sânscrito é *Avalokiteshvara*, que pode ser traduzido como "o grande benevolente" ou "o mestre que cuida de todos os seres, concedendo-lhes a felicidade". Na China, ele é conhecido como a divindade *Kuan Yin*.

O *Dalai Lama* é considerado pelos tibetanos e por muitos budistas como a personificação vivente do *Chenrezig*. O compromisso inabalável que o *Dalai Lama* tem com a não-violência e com a benevolência em todos os níveis e para com todos os seres é um exemplo das qualidades de *Chenrezig*. O *Dalai Lama* nos mostra como podemos transformar nossa mente e nossas ações dessa maneira. Podemos desenvolver a capacidade de reagir às circunstâncias mais terríveis com amor, aceitação e uma atitude não-violenta. A prática do amor e da benevolência é a base para uma vida de harmonia.

Chenrezig é representado como uma figura de quatro ou mil braços e é de cor branca. No aspecto de quatro braços, ele tem um rosto e senta-se sobre uma flor de lótus e o disco lunar. Duas mãos estão unidas junto a seu coração, segurando uma jóia que realiza desejos, símbolo de sua intenção benevolente. A outra mão direita segura um rosário de cristal, simbolizando sua vontade de libertar todos os seres do sofrimento. Na outra mão esquerda, ele segura uma flor, simbolizando sua motivação pura e benevolente.

No aspecto de mil braços, *Chenrezig* tem onze rostos e mil braços, e, na palma de cada mão, há um olho. Esses olhos e mãos simbolizam o fato de ele poder ver o sofrimento de todos os seres sencientes e de estar disposto a nos estender a mão para aliviar nosso sofrimento, o que é capaz de fazer.

Segundo a lenda, certa vez *Chenrezig* fez um voto de que iria salvar todos os seres do sofrimento de samsara. Mas, quando compreendeu a enormidade de seu voto, seu corpo explodiu em uma miríade de pedaços. O *Buda* Amitabha e o Bodhisattva Vajrapani juntaram esses pedaços e criaram a forma mais poderosa do *Chenrezig*, com onze cabeças, mil braços e mil olhos, para que ele possa estender a mão para um número maior de seres, ajudando-os e cuidando deles ainda com maior atenção. Vajrapani e Amitabha, então, acrescentaram suas cabeças na parte superior dos nove rostos de *Chenrezig*.

O Mantra de Chenrezig

Om mani padme hum – pronunciado *"om mani pei-mei hum"* (pronuncia-se hum aspirando-se o "h"). Traduzido como "a jóia no lótus", todo o significado do caminho budista está contido nessas seis sílabas. Om refere-se ao corpo, à fala e à mente dos *Buda*s, que esperamos alcançar ao desenvolver nossas mentes. Mani significa jóia e refere-se a todos os aspectos metodológicos do caminho. Padme significa lótus e refere-se ao aspecto da sabedoria do caminho. Ao unir o método e a sabedoria, podemos purificar nossas mentes e desenvolver completamente nosso potencial. Hum refere-se à mente de todos os *Buda*s. A jóia também quer dizer benevolência, a incorporação de *Chenrezig*. O lótus é uma imagem budista especificamente clássica, usada como uma metáfora para nossa capacidade de transcender nossa maneira de ser normal. As raízes da flor de lótus estão na lama no fundo do lago e, apesar disso, o talo cresce na água e produz uma flor pura e perfeita, que fica ligeiramente acima da superfície do lago, sem que a água lamacenta consiga sequer manchá-la. Essa flor é um símbolo da mente benevolente e iluminada.

Os tibetanos usam o mantra de *Chenrezig* não só durante a oração ou as sessões de prática, mas também na vida cotidiana. Esse mantra aparece rapidamente nos lábios dos budistas sempre que eles vêem um objeto que desperte sua benevolência ou ouvem falar dele, como a doença de um amigo ou um animalzinho morto na estrada. Recitá-lo nesses momentos lembra ao praticante que deve sentir benevolência e também tem a intenção de levar a benevolência de *Chenrezig* diretamente para o ser que sofre.

❂ Tara Branca ❂

O nome significa "aquela que liberta", e *Tara Branca* é um aspecto dessa divindade tão amada pelos tibetanos. Ela é o princípio feminino, a protetora e salvadora, para quem eles se voltam em momentos de perigo, aflição, risco ou medo. Ela é a Bodhisattva feminina da clemência e da benevolência. Assim como *Chenrezig*, às vezes, é descrito como a divindade masculina patrona do Tibete, *Tara* é sua contrapartida – a "deusa patrona" do Tibete.

Em sua forma verde e branca, acredita-se que a *Tara* se manifestou de duas lágrimas que caíram dos olhos de *Chenrezig* quando ele olhou para os vários domínios da existência e testemunhou um sofrimento intenso e generalizado. Em sua forma branca, *Tara* é invocada especialmente para os rituais pacificadores da longevidade e para atividades de cura e altruístas. Em momentos de doença ou de perigos que ameaçam a vida, é útil visualizar a *Tara Branca* e recitar seu mantra, para nós mesmos ou em nome de outra pessoa.

A *Tara Branca* é sempre representada sentada com as pernas cruzadas sobre uma flor de lótus ou no disco lunar. Sua mão direita está em um mudra (gesto) de concessão de desejos ou de satisfação dos desejos dos seres. A mão esquerda está sobre seu coração, concedendo o refúgio, com o polegar e o indicador juntos para simbolizar a unidade das práticas do método e da sabedoria. Os outros três dedos daquela mão estão levantados para simbolizar as Três Jóias do Refúgio – o *Buda*, o *Dharma* e a *Sangha*.

Em cada uma das palmas das mãos e solas dos pés, existe um olho que simboliza as cinco perfeições metodológicas da generosidade, da moralidade, da paciência, do esforço e da concentração (representadas por seus cinco dedos da mão e do pé), que dependem da sexta perfeição, o desenvolvimento da sabedoria. Esses quatro olhos simbolizam sua benevolência ilimitada e os "quatro imensuráveis" sentimentos da benevolência, do amor, da alegria solidária e da equanimidade. Os três olhos no rosto simbolizam a perfeição de seu corpo, de sua fala e de sua mente – a pureza de sua conduta, de suas palavras e pensamentos. Sobre sua cabeça, está o *Buda* Amitabha, cujo nome significa "luz infinita" e que representa o aspecto infinito e iluminado de nossa natureza.

O Mantra da Tara Branca

Om tare tuttare ture mama ayur punye pushtim kuri ye soha

O mantra da *Tara Branca* é traduzido como: "Eu me prostro diante da Libertadora, a Mãe de todos os Vitoriosos".

Familiarizarmo-nos com essas divindades nos ajuda a entrar em contato com nossas melhores qualidades e, gradativamente, começamos a acreditar que somos capazes de uma bondade tão grande quanto aquela representada por *Chenrezig* e *Tara*. Seu amor, amizade, benevolência e proteção podem ser nossos amigos também.

Em momentos difíceis, podemos invocar divindades como o *Chenrezig* e a *Tara* para que nos ajudem. Como todos os *Budas*, eles respondem assim que ouvem nosso pedido de ajuda. Podemos sentir uma tranqüilidade mental quase que imediata e uma sensação de consolo ou, talvez, um pouco mais tarde, perceber que algo mudou, ainda que muito ligeiramente.

Podemos usar nossa imaginação criativa nessas práticas e, quando paramos para pensar no assunto, compreendemos que nosso mundo todo é, na verdade, criado por nossa mente. Se ativarmos nossa conexão com essas incorporações da benevolência protetora quando precisamos de proteção, criamos as condições certas para que a ajuda esteja disponível para nós. Precisamos fazer todo o possível para viver sabiamente, com segurança e com benevolência, assumindo a total responsabilidade por nossas vidas. No entanto, quando invocamos o poder da benevolência de todos os *Budas*, não é apenas para nós, mas sim para todos os seres sencientes. Essa é a prática de manifestar benevolência em nosso mundo.

Conheça também outros livros da FUNDAMENTO

ANTES QUE O DIA ACABE, SEJA FELIZ!
Ajham Brahm
Neste livro, você vai encontrar pequenas histórias recheadas de preciosos pensamentos e mensagens que vão iluminar seu coração. São verdadeiras lições de amor, compaixão, aceitação e perdão, contadas com muita sabedoria e bom humor, mas fortes o suficiente para provocar uma mudança em você.

Descubra como:

- lidar com a raiva e cultivar o perdão
- encontrar soluções para seus problemas
- livrar-se de medos e superar limites
- alcançar a felicidade através do amor, da liberdade e da humildade

EDITORA
FUNDAMENTO

www.editorafundamento.com.br
Atendimento: (41) 3015.9700